u books

素顔のフィレンツェ案内

中嶋浩郎・中嶋しのぶ

JN232635

白水*u*ブックス

目次

この本ができるきっかけとなったのは、ぼくがフィレンツェに暮らすようになって八年ほどたったころ、白水社の編集の方からフィレンツェについて何か書いてみませんかと勧められたことだった。そこで、一部を妻に手伝ってもらうことにした。初めは、一、二章のつもりだったが、結局かなりの部分を妻が書くことになった。

分担は以下のとおり。

中嶋浩郎がレプッブリカ広場、ドゥオーモ、サンタ・マリア・ノヴェッラ、サン・マルコ、サンタ・クローチェ、サント・スピリト、カンポ・ディ・マルテ、フィエーゾレの各章。中嶋しのぶがシニョリーア広場、サン・ロレンツォ、ポンテ・ヴェッキオ、ミケランジェロ広場の各章、および本文中の写真を撮影。

レプッブリカ広場

フィレンツェ発祥の地

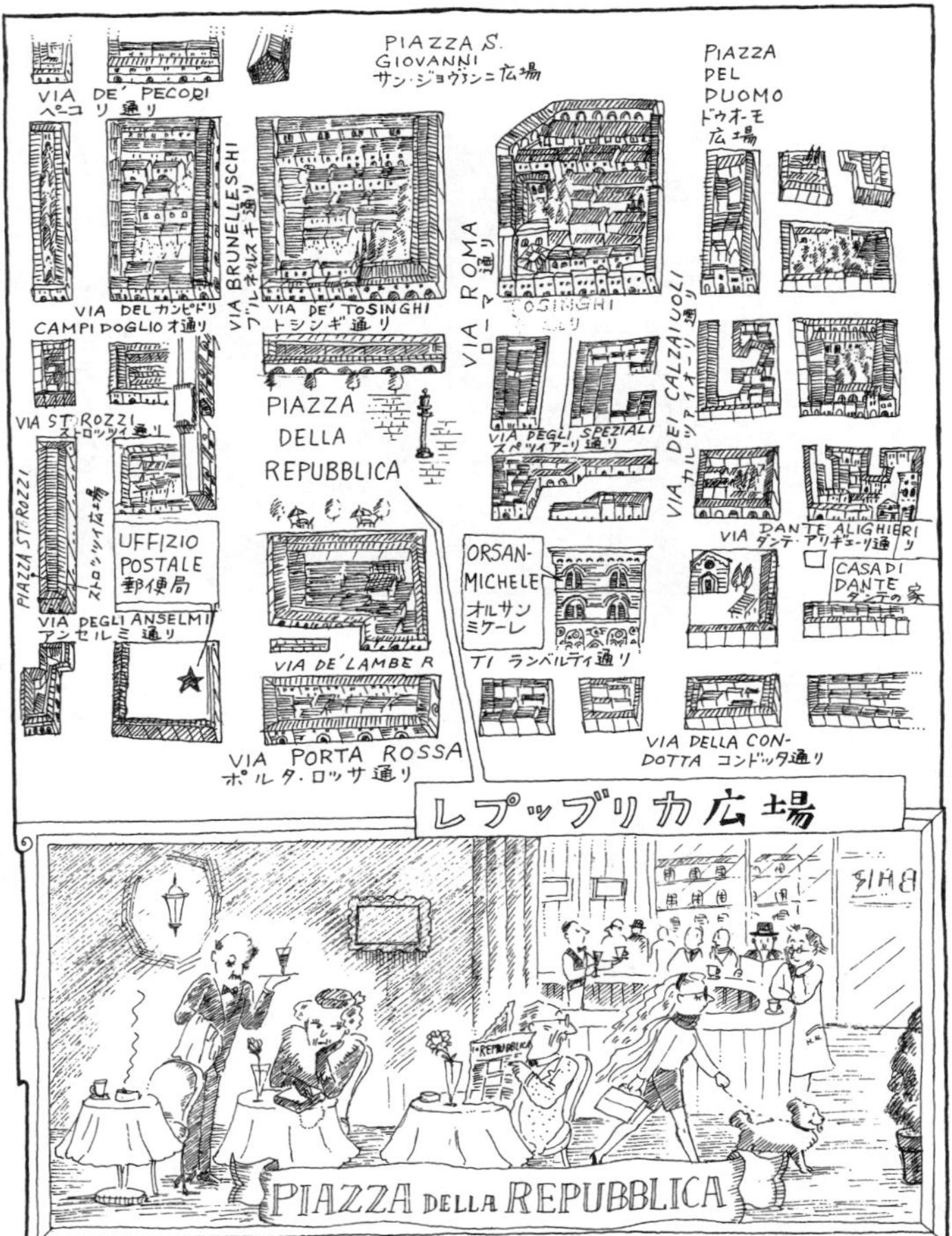
PIAZZA S. GIOVANNI
サン・ジョヴァンニ広場
PIAZZA DEL DUOMO
ドゥオーモ広場
VIA DE' PECORI
ペーコリ通り
VIA BRUNELLESCHI
ブルネルスキ通り
VIA DEL CAMPIDOGLIO
カンピドリオ通り
VIA DE' TOSINGHI
トシンギ通り
VIA ROMA
ローマ通り
VIA DEI CALZAIUOLI
カルツァイオーリ通り
VIA STROZZI
ストロッツィ通り
PIAZZA DELLA REPUBBLICA
VIA DEGLI SPEZIALI
スペツィアーリ通り
PIAZZA STROZZI
ストロッツィ広場
UFFIZIO POSTALE
郵便局
ORSAN-MICHELE
オルサンミケーレ
VIA DANTE ALIGHIERI
ダンテ・アリギエーリ通り
CASA DI DANTE
ダンテの家
VIA DEGLI ANSELMI
アンセルミ通り
VIA DE' LAMBERTI
ランベルティ通り
VIA PORTA ROSSA
ポルタ・ロッサ通り
VIA DELLA CONDOTTA
コンドッタ通り
レプッブリカ広場
REPUBBLICA
PIAZZA DELLA REPUBBLICA

レプッブリカ（共和国）広場はフィレンツェのまん中にあり、市の宗教上の中心でドゥオーモ（司教座教会堂）と呼ばれるサンタ・マリア・デル・フィオーレ（花の聖母マリア）大聖堂と、政治上の中心である市庁舎ヴェッキオ宮殿のほぼ中間に位置している。周囲にはいろいろな種類の商店、映画館、バール、レストラン、銀行などが集まっていて、フィレンツェの経済、商業上の中心となっている。

ところで、ここで一つはっきりさせておきたいことがある。フィレンツェのシンボルともいえるドゥオーモやヴェッキオ宮殿を差し置いて、この本をレプッブリカ広場から書き始めることにしたのは、ぼくが宗教や政治より経済に関心があるからというわけではもちろんないし、この広場に特別な愛着を感じているからでもない。それどころか、理由はあとで書くことにするが、この広場がぼくはあまり好きではない。ではなぜかというと、それはここがフィレンツェ発祥の地に当たる場所だからである。一つの都市について書くときに、まずその歴史に少し触れておくというのは、まあ常套的なやり方といえるのではないだろうか。

もちろんフィレンツェ史の本を書くつもりなどないけれど、二千年前にローマ人の手によって建設されてから現在の姿になるまで、フィレンツェの町がどのように拡張、改造されてきたかについて、少しだけ書いておきたいと思う。町全体が一つの大きな美術館であると言われ、常にルネッサンスと結びついて語られるフィレンツェだが、古代の痕跡がまったく残っていないわけではないし、町の基本的な構造が作られたのはルネッサンス以前である。それに、ルネッサンスよりずっとあとになってから作られた部分だって少なからずあるのだ。

というわけで、レプッブリカ広場である。

さきに「フィレンツェ発祥の地」だと書いたが、現在のレプッブリカ広場はおよそ百年前の一八九五年に都市計画によって作られた新しい広場である。今の名前になったのはイタリアに共和制が敷かれた第二次世界大戦後のことで、それまではイタリアを統一した国王の名をとってヴィットリオ・エマヌエーレ二世広場と呼ばれていた（広場には王の騎馬像があったが、現在は町外れに移されている）。

ところで、一八九五年といえば明治二十八年である。そのころの建物を日本では決して「新しい」とはいわないだろう。そんなに数多く残っていないだろうし、残っているものもそろそろ文化財扱いされ始めるころだ。解体移築され、「現存する明治の住宅建築の貴重な例」などといって明治村で一般公開されるか、解体されないまでも、修復されて博物館か記念館として利用されるかしているだろう。日本では百年前の建物はすでに骨董品の仲間入りをしている。百年どころか、二、三十年前に作られたビルでさえ次々に壊されて、新しいビルにどんどん建て替えられていくのだから、数十年前の建物だって十分「古い」部類に入るのだろう。木造建築は火事や地震に弱い。火事や地震などを天災として受け入れてきた日本では、伊勢神宮の二十年ごとの遷宮祭に象徴されるように、建て替えを前提として家は作られているのである。

一方、フィレンツェでは百年前の建物は完全に「新しい」部類に入れられる。ぼくが今住んでいるアパートのある建物は少なくとも築二百年にはなっているが、イタリア人の誰からも古い家だと言われたことはない。一四〇〇、一五〇〇年代に作られた建物がまだごくあたりまえに一般の住宅として使われているのだから、一七〇〇年代の家などまだ「新しい」のだ。

以前ナポリ地方で大地震があったとき、完全に破壊されてがれきの山となった家々の前で中年の女性が号泣しているのをテレビのニュースで見たことがある。両手で顔を覆ったり、神に救いを求めるように腕を天に向かって広げたりしたかと思うと、急にぐったりと倒れかかって周囲の人に支えられ、それでも大声で叫びながら泣き続けていた。ラテン民族特有のおおげさな感情表現であることを差し引いても、彼女の嘆き方はただごとではなかった。ぼくはてっきりその女性の家族が生き埋めになったと思っていたのだが、実は彼女は廃墟と化したわが家を目の当たりにして、絶望のあまり泣き叫んでいたのだった。堅牢で決して壊れないはずの石造りの家が無残にも崩れ落ちてしまったのだから、彼女にとってはこの世の終わりのよ

レプッブリカ広場に面したバールでは、春になると屋外にテーブルが並び、観光客の憩いの場となる。

うに感じられたのだろう。

　イタリアは日本と同じように火山国だから大地震もたまに発生するが、幸いフィレンツェの地盤は強固で、今まで地震災害には遭わずにすんできた。おかげで中世やルネッサンス時代の建物が使用に耐える状態で現在まで残っていて、ごく普通に住宅や事務所として使われている。もちろん内部は何度となく改装されているから、十五世紀の立派な建物の中に超モダンなインテリアのオフィスがあったり、壁がはがれて中のレンガがあちこち露出しているような汚い建物の中にクラシックな家具で統一されたアパートがあったりする。外から見ただけではまったく内部の様子は見当がつかない。だから、知らないアパートやオフィスを訪問するのには玉手箱を開けるような楽しみがある。

　話がすっかり横道にそれてしまった。レプッブリカ広場に戻ろう。

　広場の東寄りには『豊饒』の女性像を乗せた石の円柱が立っているが、これはこの「新しい」広場が実はフィレンツェで最も古い場所であることを示しているのである。

　紀元前五九年にローマの植民市として建設されたフィレンツェは、わずかに東西に長い長方形の壁で囲まれた都市で（北は現在のチェッレターニ通り、南はシニョリーア広場、東はプロコンソロ通り、西はトルナブオーニ通りのあたり）、市内は南北と東西の道によって碁盤状に区切られていた。壁の外には劇場（現在ヴェッキオ宮殿のある場所）と円形闘技場（サンタ・クローチェ広場の西側）があり、市の中心には神殿や裁判所のある最も重要なフォーロ（大広場）が作られた。そして、南北の中央道路＝カルド（現在のローマ通りとカリマーラ通り）と東西の中央道路＝デクマヌス（ストロッツィ通り、スペツィアーリ通り、コルソ通り）がフォーロの中心で交わっていたが、その地点は神聖な場所とされ、神々への捧げ物を供える円柱が立っていた。十五世紀にはこの柱の代わりにドナテッロの『豊饒』像を乗せた柱が立てられたが、十八世紀に地面に落ちて壊れたため、当時の彫刻家が代わりの像を作った。現在レプッブリカ広場にあるのはそのコピーで、実のところ場所も少し違っている。広場の地下五メートルのところにはフォーロの遺跡が残っているそうだし（地下七メートルにはローマ人より前にこの場所に住んでいた先史時代の民族の遺跡が眠っている）、円形闘技場のあったところは、今も道路がその輪郭に沿って楕円形を描いている。

ところでフィレンツェでは、歩いているうちにいつの間にか予想外の方向へ向かっているという経験をする人がけっこういるらしい。ウィンドーショッピングをしながら町をブラブラしていたら思いがけずアルノ川にぶつかったというような話はときどき耳にするし、滞在許可の手続きにドゥオーモの北にある警察署へ行くつもりが、ドゥオーモの南東のサンタ・クローチェ教会の前に出てしまったという女性もいた（もっともこの人の場合はフィレンツェの道のせいというより、方向音痴だ

十九世紀末に造られたアーケードと凱旋門は、フィレンツェがイタリア王国の首都だったころの名残り。

ったというだけかもしれない）。フィレンツェの街路は中近東の都市やヴェネツィアと違い、迷路のように入り組んでいるわけではないが、途中で少し折れ曲がっていたり、緩やかにカーブしていたり、交差点が直角でなかったりして、道を一回曲がれば九十度、二回曲がれば初めとは逆方向、右折して左折すれば同じ方向……、という素朴な計算が通用しない程度に複雑なのである。その上、道が狭くて太陽や高い建物など目印になるものが見えにくいから、うっかりすると道に迷う。

その原因の一つはアルノ川にある。アルノ川が正確に東から西に流れていたら問題はなかったのだが、実際にはほぼ東南東から西北西に向かっている。ローマ人はアルノ川の北側にフィレンツェの町を正確な東西南北の碁盤状に建設したが、市外の農地を今度はアルノ川を基準として升目状に整備した。だから最初から壁の外の道は市内の道路と約三十度のずれがあったわけである。その後ローマ時代の壁もフォーロも壊されて市は拡大したが、道路の基本的な構造はそのまま残された上に、更に不規則に交わる狭い道が作られたから、フィレンツェの道はますます複雑になっていった。

フィレンツェの町を大きく囲むように広い環状道路が通っている。それは一二〇〇年代末から一三〇〇年代前半にかけて作られた市壁があった場所だが、五百年以上フィレンツェを守ってきた壁を壊して、一八六五年に片側三車線の道が作られたのである。破壊を免れたいくつかの門（クローチェ門、サン・ガッロ門、プラート門など）だけが、周囲の新しいビル群とまったく不調和に孤立し、車の洪水の中にぽつんと取り残されているのは、とても寂しい風景である。アルノ川の南のサン・フレディアーノ門とローマ門の間、それにベルヴェデーレ砦への上り坂には、市壁が一部ではあるが昔のままに残っている。このあたりは古いフィレンツェの雰囲気を残していて、ぼくの最も好きな場所でもある。ぼくのアパートはサン・フレディアーノ門のすぐ近くなので、門の前で新聞を買い、門を潜ってバス停へ行くという無上の幸せを毎日味わっている。

フィレンツェはイタリア統一後短い期間ながら新生イタリア王国の首都だったことがあり（一八六五年から一八七一年まで）、市壁の取り壊しと環状道路の建設は首都にふさわしい都市造りの一環だった。モデルとなったのはオスマン男爵のパリ改造である。ミケランジェロ広場や、そこへ上る「丘の並木道」と呼ばれる道もこのときに作られたが、これが計画の立案者であるジュゼッペ・ポッジがフィレンツェ市民に残したほとんど唯一のうれしい贈り物で、環状道路のために市壁を壊したことに対する批判や怒りは今なお強い。幸い、というべきだろう、首都がローマへ移ってしまったこともあり、市の中心を貫いてパリのブールバールのような道路を作るという計画は実行に移されなかった。

ローマ時代の最初の壁から最後のものまで、市の発展とともに壁も六回作られている。ローマ帝国衰退後はフィレンツェの人口も減り（約千人）、六世紀には市壁も一回り小さくなったが、十一世紀後半には、ローマ時代の長方形の南にアルノ川までの三角形の地域が加わった（人口は一万五千から二万人）。この時代に建てられたサン・ジョヴァンニ洗礼堂は、現在市内に残る最古の建物の一つである。また、シニョリーア広場の西からヴェッキオ橋までのポル・サンタ・マリア（サンタ・マリア門）通りと、サンタ・トリニタ広場から東へ伸びるポルタ・ロッサ（赤門）通りという二本の道は、当時そのあたりにあった門から名づけられている。

十二世紀初めに自治都市となったフィレンツェには、農村から大勢の人が流れ込み、市内に入りきれない貧しい人々は壁の外に掘っ建て小屋を建てて住むようになった（市壁外の居住地区のことをイタリア語でボルゴという）。そこで、フィレンツェ市政府は人口の増大に対処するために、十二世紀後半に改めて市壁を拡張することにした（新しい壁の中の人口は三万五千から四万人といわれる）。

ところで、現在のフィレンツェにはボルゴ…という通りがいくつもあるが、すべて昔ボルゴだった場所である。十一世紀後半のボルゴだったのは、東のボルゴ・デリ・アルビツィとボルゴ・デイ・グレーチ、北のボルゴ・サン・ロレンツォ、南のボルゴ・サンティ・アポストリ、それにアルノ川南岸のボルゴ・サン・ヤコポだが、現在はどれも市のどまん中であり、そこがかつては市外だったとは信じられないほどだ。

今までの三倍の広さになったこの壁は、東西南北の長方形という古代ローマ時代からの基本を離れ、アルノ川を基準とした四角形に作られた（そして道路はますます不規則で複雑になった）。また、アルノ川南岸がこのときにはじめてフィレンツェ市に含まれることになった。当時アルノ川にかかっていた橋はヴェッキオ橋だけだったが、十三世紀前半に現在のカッライア橋、グラツィエ橋、サンタ・トリニタ橋が次々に作られている。十三世紀には、ドメニコ会のサンタ・マリア・ノヴェッラ教会とフランチェスコ会のサンタ・クローチェ教会の建設が始められているが、この二大托鉢修道会の教会―修道院は町をはさんで東西の壁のすぐ外側に作られたのである。現在フィレンツェ市内にあるその他の修道会の教会（オンニッサンティ教会、サン・マルコ教会、サンタ・マリア・デル・カルミネ教会など）も同じ時期に壁の外に作られている。

この壁の完成からおよそ百年後の一二八〇年代、ヨーロッパ有数の大都市に成長したフィレンツェの人口は八万五千人に達していた。市壁内にはもちろん収容しきれるわけがなく、壁の外側の教会―修道院の周囲にボルゴが急速に形成されていった。当時のボルゴで現在の町名に残っているのは、サンタ・クローチェ教会近くのボルゴ・サンタ・クローチェ、オンニッサンティに近いボルゴ・オンニッサンティ、アルノ川南のカルミネ教会付近のボルゴ・サン・フレディアーノなどである。

フィレンツェ市政府は壁を一気にそれまでの五倍の広さに拡張することを決めた。それが約百年前に壊された最後の市壁で、五十年後の一三三三年に完成した。壁の

レプッブリカ広場のアーケード歩道は、フィレンツェの街にそぐわないトリノ風建造物。

周囲は八・五キロで、高さは一一・六メートル、七十三の塔と十五の門があった。この壁を設計したアルノルフォ・ディ・カンビオは、やはり一二〇〇年代末に着工したフィレンツェの二大重要建造物、サンタ・マリア・デル・フィオーレ大聖堂とヴェッキオ宮殿の設計者でもあるから、当時のフィレンツェの都市計画責任者といった立場にあったわけだ。彼が準備した舞台装置の中でルネッサンス美術が間もなく花開くことになる。

ルネッサンスのフィレンツェについてはぼくなどが改めて書くまでもないし、それでなくてもここまでが相当に退屈だったと思うので、時代を五百年飛ばして今から百年余り前のレプッブリカ広場に戻ることにする。といってもまだ広場はできていない。

古代ローマ時代のフォーロがあった場所は、十四世紀ごろから肉や野菜を商う小屋が立ち並ぶ市場になっていた（メルカート・ヴェッキオ＝旧市場と呼ばれた）。『豊饒』の円柱につけられた鐘が市場の開閉店を告げ（泥棒などのさらし台としても使われていたらしい）、活気あふれる庶民の胃袋だった。また市場の北側には、壁で囲まれたユダヤ人のゲットーや売春宿などがあった。このあたりは上流市民からはいかがわしいと敬遠される場所になっていたのである。

ちょうどフィレンツェがイタリア王国の首都だったころで、このような「身の毛のよだつ汚物溜め」（当時の新聞記事）が市のどまん中にあるのを屈辱と感じていた市の上層部や上流市民は、一帯の建物を取り壊して、国王ヴィットリオ・エマヌエーレ二世に捧げる広場を作ることにした。国王はイタリア北部のピエモンテ地方出身だったから、広場にはアーケード歩道（ピエモンテの州都トリノ市の歩道はほとんどアーケードになっている）を従えた大アーチが凱旋門として建設され、その上に、

太古の市の中心は、
長い荒廃の時を経て、
かつての栄光を取り戻した

と刻まれた碑文が仰々しくはめ込まれたのである。

庶民を題材に多くの傑作を描いたフィレンツェ生まれの画家、テレマコ・シニョリーニが広場の建設現場で浮かない顔をしているのを見た工事責任者が、

「ごみのようなものが壊されたのが悲しいのですか」

と尋ねたところ、

「いや、ごみのようなものが建てられるのが悲しいのです」

と答えたという逸話が残っているが、彼の言葉は当時の一般市民の気持ちを代弁したものといえるだろう。多少は不衛生だったかもしれないが、メルカート・ヴェ

アーケード内の新聞屋。隣りにはトトカルチョ売場があるので、サッカー選手のブロマイドやチームのステッカーなどが売られている。

ツキオはフィレンツェで最も庶民的なエネルギーに満ちた場所だった。それがまったくフィレンツェらしくない建物に囲まれた、気取った紳士たちの社交場になってしまったのだから。

さて、だいぶ遠回りしてしまったが、ようやく現在のレプッブリカ広場に戻ってきた。

最初にぼくはこの広場が好きではないと書いたが、その理由の第一は、やはりこの広場の生い立ちにある。メルカート・ヴェッキオは移転させる必要があったのだろうし、無法地帯になっていたのも事実かもしれないが、周囲の建物まで根こそぎ壊してしまったのは絶対に誤りだったと思う。取り壊し前の写真には、中世に建てられた数々の塔など、フィレンツェで最も美しい家並みが写っているが、それがすべて失われてしまったのだ。

第二に、広場を囲む建物がよくない。イタリアの町にはそれぞれ伝統的な建築様式があり、また使われる石やかわらなども地方によって異なるから、町全体が独自の色や肌触りを持っている。フィレンツェも例外ではなく、豊富なバリエーションの、肌色がかった明るい灰色やクリーム色に塗られた家々の壁と、古い建物の茶色の粗削りな石積みが混在し、堂々としながら暖かみと落ち着きのあるたたずまいを見せている。その中にあって、空いばりしているようなレプッブリカ広場の大アーチとその周辺の建物は、町のほかの部分と不調和で白々しい感じさえするし、歩道のアーケードもフィレンツェにはまったくそぐわない。

以上の理由で、ぼくはレプッブリカ広場が嫌いである。現在は広場に車が入れなくなっているから少しはましになったが、数年前までは交通量の多い道路が中央を突っ切り、その両側は駐車場になっていて、ほとんど広場ともいえないような状態だった。そのころはできればこんなところに一歩も足を踏み入れないで暮らしたいとまで思ったものだし、今だってできることなら行きたくはない。ところが残念なことに、この広場はフィレンツェのまんまん中に居座っているので、ここを通らずにチェントロ（市の中心部）を動き回ることなどほとんど不可能なのだ。

だが、また何かと便利な場所であることも事実で、ぼくはもっぱら待ち合わせに利用している。フィレンツェははじめてという人でも、地図の中央に大きく示された広場の位置をまちがえることはまずないし、広場には格好の目印となる場所が多い。たとえば『豊饒』の円柱の下に腰かけていれば、待ちぼうけを食わされても大丈夫である。ただし、日陰がないので晴れた暑い日にはやめたほうがいいかもしれないし、観光客や待ち合わせをする人に占領されていて座れないこともある。雨の日だったらアーチの下でもいいし、カッフェでコーヒーを飲んで待つという手もある。それから、買い物などで歩き回ってくたびれたからちょっと一休みというとき、一番近いのはなぜか必ずレプッブリカ広場で（広場のまわりを歩き回っているのだから実はあたりまえなのだが）、大アーチを眺めながらコーヒーを飲むこともときどき

トトカルチョ売場。土曜の午後は、翌日の試合の予想をする人で大にぎわい。試合の切符もここで買える。

どきある。

フィオレンティーノ（フィレンツェ人）たちの大多数もこの広場が嫌いである。だからといって、ここに来るのは観光客だけかというと、もちろんそんなことはない。やはり、便利な場所なのである。

広場にあるカッフェのどれかに入ってみよう。南側にもあるが、北側に張り合うように並ぶ「ジッリ」と「パスコフスキー」の二軒が特に有名で、いつも混んでいる。朝はビジネスマンとオフィスレディの朝食タイム、いろいろな服装の老若男女が立ったまま、クロワッサン（イタリア語ではコルネット＝小さな角《つの》、中にジャムなどが入っているのが一般的）を食べながらカップッチーノなどをすすっている。カウンター横のケースに並んでいるパスタ類（菓子パンや小さなケーキなど）の中から好きなのを選んで取ってもらい、手が汚れないように（あるいは、手の汚れがパンにつかないように）紙ナプキンでつまんで食べる。食べ終わったら同じナプキンで口のまわりをサッと拭いてゴミ箱へ捨て、足早に店を出る。出勤途中だから長居する人は少ない。毎朝イタリア中のバールで繰り返される風景である（小さなバールではパンは自分でケースから出して食べる）。

十一時を過ぎるころになると、近所の会社、銀行、商店などに勤める人たちがコーヒーを飲みにやって来る。同じ職場の人とか、いつもここで会う顔なじみとか、エスプレッソのカップを手におしゃべりする人の輪がいくつもできる。全然知らない人も関心のある会話にはどんどん加わっていくから、にぎやかなことこの上ない。さすがにビジネスマン、経済や政治に関する言葉があちこちで飛び交っているが、昨日見た映画の話、おいしいレストランの話、それに何といってもサッカーの話など、とにかくイタリアの人はおしゃべりが好きだ。飲み終わってもすぐに出て行かないので、カウンターの前はいつもふさがっている。遠慮して空くのを待っていてはだめで、「ペルメッソ（通して下さい）」を連発しながら人をかき分けてカウンターまで突進して、「ウン・カッフェ・ペル・ファヴォーレ！（コーヒーを一杯）」と、ほかに負けない大声で注文しなければいけない。

「ジッリ」と「パスコフスキー」には奥にサロンがある（夏は広場にも）。蝶ネクタイのウェイターがサービスしてくれるから、値段はカウンターで立って飲む場合の約四倍ほどになり、昼の間は観光客以外に若い人の姿は少ない。高級ブティックの紙袋を持った中年のご婦人方やご夫婦のほか、一人で腰かけているお年寄りの姿が目につく。毎日のように通ってくる人が多いから、ウェイターも心得ていて、いつも同じ飲み物が運ばれてくる。黄色いチョッキを粋に着こなして新聞を読んでいたおじいさんが、ミニスカートの美人が通るとスッと熱く鋭い視線を送り、また何ごともなかったかのように新聞を読み続けている。プレイボーイとしてならしていたんだろうが、なかなかどうして、まだ十分に現役である。昔はさぞ美しかったろうと思われる、まっ赤な口紅で厚化粧の白髪のおばあさんが、隣のテーブルの無作

老舗のカッフェ「ジッリ」。

法な観光客のたばこの煙に顔をしかめている。とても上品で風格のある振る舞いは元貴族かもしれない。そういえば、この広場は上流階級の社交場だった。

ぼくはレプッブリカ広場に限らず、チェントロに行くことがだんだんおっくうになってきている。だが、週に二回日本語を教えている学校に通う途中バスで通り過ぎる以外に、どうしてもチェントロへ行かなければ済まない用事がある。それは銀行と書店である。銀行がレプッブリカ広場周辺にたくさんあることは最初に書いたが、書店も同様、家の近所では新聞と雑誌は買えるものの、本はチェントロでなければだめなのだ。

フィレンツェにもここ数年マンモス書店が立て続けにオープンしているが（そのうちの一つはまさにレプッブリカ広場のアーケードにある）、小さい書店も頑張っている。日本のように雑誌にスペースをほとんど取られてしまうという心配がなく、小さくてもけっこう本が揃っているところが多い。そんな中でぼくの行きつけの店はレプッブリカ広場の北、トシンギ通りにある「ＳＰ44」である。一割引にしてくれるという経済的理由もさることながら、ぼくがこの店が好きなのは、若い店主のアレッサンドロと大番頭ジョヴァンニのプロ意識のためである。店頭になくても注文すればたいてい翌日には手に入るし、もうとっくに絶版になってしまった本を手を尽くして探してくれたこともあった。

もともと「ＳＰ44」は古文書、歴史書、美術書からガイドブック、雑誌まで、フ

レプッブリカ広場近くの本屋「SP44」。右が番頭のジョヴァンニ、左が若き店主アレッサンドロ。

ィレンツェとトスカーナに関する本なら何でもそろった店として誕生したのだが、創立者のパオロ・サッキ氏は古文書への愛情が高じて、この書店をアレッサンドロに譲り、「イッポグリフォ（ヒッポグリフ）」という古文書と古地図の専門店を近くのヴィーニャ・ヌオーヴァ通りにオープンしてしまった。マンモス書店が話題になっていたころ、サッキさんに感想を尋ねたことがある。

「本はスーパーで買うもんじゃないよ」というのが彼の答えだった。

ドゥオーモ

大聖堂とお祭り

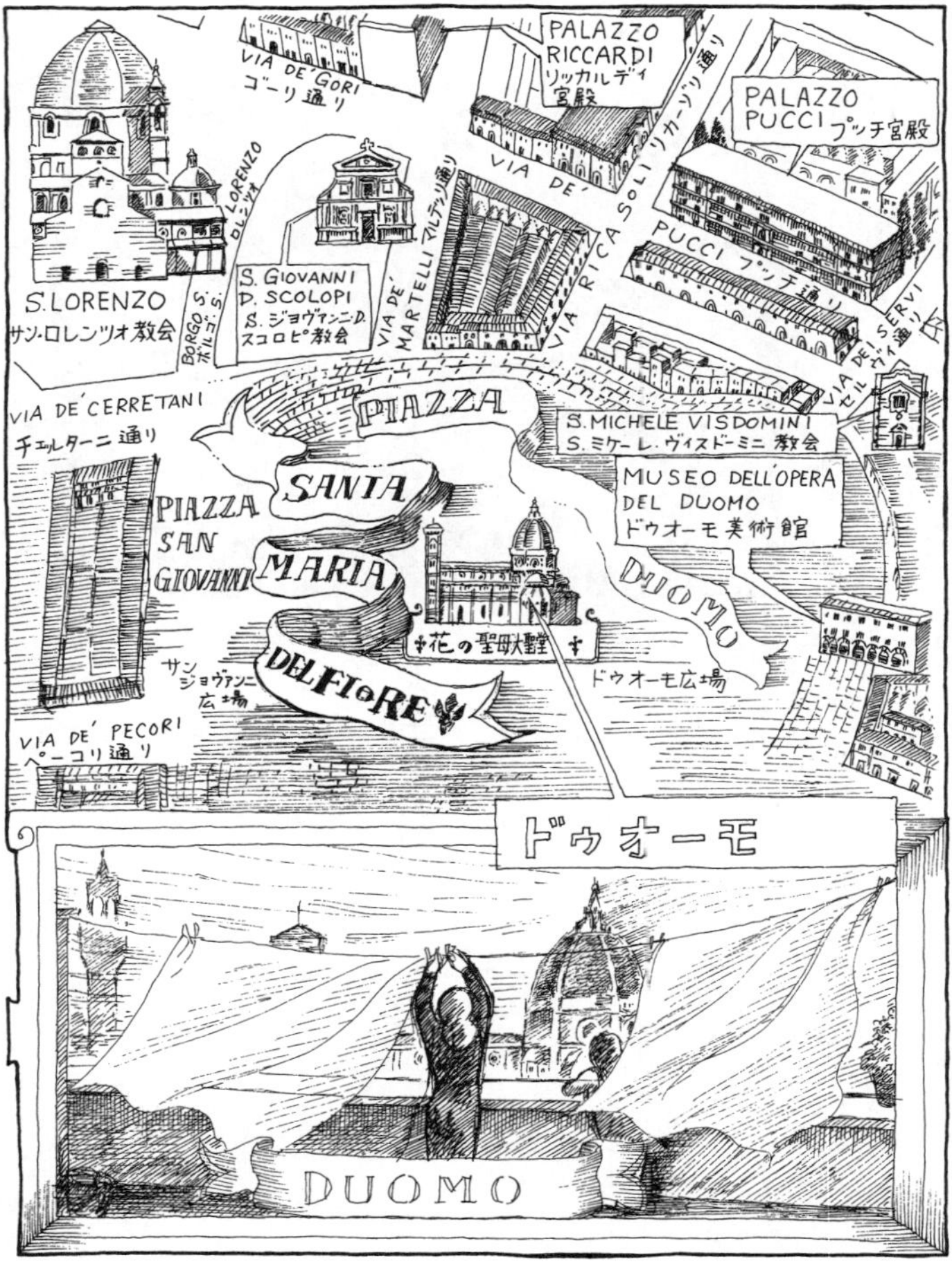

PALAZZO RICCARDI
リッカルディ宮殿
VIA DE' GORI
ゴーリ通り
VIA RICASOLI
リカーゾリ通り
PALAZZO PUCCI
プッチ宮殿
S.LORENZO
サン・ロレンツォ教会
BORGO S. LORENZO
S. GIOVANNI D. SCOLOPI
S. ジョヴァンニ・D. スコロピ教会
VIA DE' MARTELLI
マルテッリ通り
VIA DE' PUCCI
プッチ通り
VIA DEI SERVI
セルヴィ通り
VIA DE' CERRETANI
チェルレターニ通り
PIAZZA SANTA MARIA DEL FIORE
S.MICHELE VISDOMINI
S.ミケーレ・ヴィスドーミニ教会
MUSEO DELL'OPERA DEL DUOMO
ドゥオーモ美術館
PIAZZA SAN GIOVANNI
サンジョヴァンニ広場
DUOMO
花の聖母大聖堂
ドゥオーモ広場
VIA DE' PECORI
ペーコリ通り
ドゥオーモ
DUOMO

ドゥオーモというのはラテン語の「ドムス（家）」から来た言葉で、神の家を表す。カトリックの司教座の置かれた教会、つまりカテドラルのことをイタリアではこう呼んでいる（教会には円屋根がつきものだったことからだろう、英語の「ドーム」の語源にもなっている）。フィレンツェのドゥオーモは正式にはサンタ・マリア・デル・フィオーレ（花の聖母大聖堂）という。市内で最も重要な教会であり、さまざまな宗教的な行事はここを中心に行われてきた。

イタリアは世界に冠たるカトリックの国、年中行事もキリスト教に関係があるものが多い。国民の祝日になっているものだけを挙げてみると、キリスト御公現（一月六日）、復活祭とその翌日の月曜日、マリア被昇天（八月十五日）、万聖節（十一月一日）、無原罪の御宿り（十二月八日）、クリスマス、聖ステファノの祝日（十二月二十六日）がある。これ以外に、町の守護聖人の日というのがあり、その日はその町だけが休みになる。たとえば、フィレンツェの守護聖人は洗礼者ヨハネだから六月二十四日、ローマは聖ペテロで六月二十九日、ミラノは聖アンブロシウスで十二月七日といったぐあいである。ついでに言うと、ミラノのスカラ座のオペラ・シーズンは毎年この日からと決まっている。もう一つついでにその他の祝日も挙げておくと、元旦、解放記念日（四月二十五日、要するに終戦記念日なのだが、ファシスト政権を自ら倒したという自負が解放という言葉に表れている）、メーデー（五月一日）くらいのものである。年中休んでばかりいるようなイメージのイタリアにしては祝日が意外に少ないので驚くのではないだろうか。復活祭は日曜日だし、振替休日などというけっこうなものはないのだから、実は日本のほうが休日はよほど多い。と、これはあくまで建前であって、こちらの人は夏休みをたっぷり取るし、それに勝手に休みを作ってしまうという裏技を持っている。祝日が火曜日だったら月曜日も休んで土曜日から四連休にする（これを「橋を架ける」という）などはごくあたりまえ、週の中日の水曜日が祝日だったら前後に橋を架けてまるまる一週間休みにしてしまうという離れ業を演じる剛の者もいるらしい。

話をフィレンツェに戻そう。昔々、といっても一七五〇年までのことだが、フィレンツェの一年は今のように一月一日からではなく、三月二十五日から始まっていた。何でそんな中途半端な日から？　とつい思ってしまうが、もちろんそれには理由がある。

カトリック信者のかたはもうお気づきかもしれないが、三月二十五日というのはちょうどクリスマスの九カ月前にあたる。こちらでは人の妊娠期間は十月十日ではなく九カ月ということになっているから、この日はイエス・キリストが聖母マリアの腹に宿った日、つまり大天使ガブリエルによる『受胎告知』の日なのである。一年がこの日から始まるというのは何もフィレンツェに限ったことではなく、イギリスでもそうだった。フランスでは復活祭から、ヴェネツィアでは三月一日から、スペインではクリスマスから新年が始まっていたということだ。

一五八二年にグレゴリウス十三世はそれまでのユリウス暦を改め、現在ではほとんど世界じゅうで使われているグレゴリウス暦を制定した。一年の始まりは一月一日と定められ、教皇は小勅書を発布してカトリックの国々にこの新しい暦に従うように求めている。だが、フィレンツェではその後二百年近く古い暦がそのまま使われてきたのである。

三月二十五日が元旦になっているということは、春の到来とともに新しい年が始まるということである。これは四季のはっきりしているイタリアでは、真冬の一月一日が元旦であるというよりもずっと自然に受け入れられるカレンダーだったのだ。サマータイムが始まって（三月の最終日曜日の午前二時に時計の針を一時間進める）急に日が一時間長くなり、コートを脱いで一歩市の郊外へ出れば、芽を吹き始めた木々の緑に黄色、白、ピンクなど色とりどりの花が見られるようになる。人間も自然もすべてが活気を取り戻す時期なのだ。

というわけで、昔の暦に従って春からフィレンツェの年中行事をいくつか眺めることにしよう。

フィレンツェにはサンティッシマ・アンヌンツィアータ（受胎告知のマリア）と

右からジョットの鐘楼、大聖堂、サン・ジョヴァンニ洗礼堂。

いう名の教会がある。十三世紀前半に聖母マリアがフィレンツェの七人の貴族のところに現れ、彼らは家庭と財産を捨てて城壁の外の田舎で祈りの生活に入った。その場所に建てられたのがサンティッシマ・アンヌンツィアータ教会で、田舎といってもドゥオーモから歩いて五分、現在では町の中心部になっている。フィレンツェに数ある教会の中でも最も厚い信仰の対象となっている教会であり、特に三月二十五日には今でも大勢の信者が集まって熱心に祈りを捧げている。ところで、七人はその後町から遠く離れた険しい山の洞窟に籠《こ》もり、現世と隔絶した生活を送った。そのセナーリオ山には彼らが設立した「マリアの僕《しもべ》」修道会の修道院があり、フィレンツェから車で二、三十分という便利さから、栗拾いやキノコ狩りなど、ピクニックに格好の地となっている。修道院で作られる甘くて強いリキュールもおいしい。

春といえば、何といってもクリスマスと並ぶカトリックの主要な祝祭、復活祭（イタリア語ではパスクア）である。これは文字どおりイエス・キリストの復活を祝う行事で、春分のあとの満月直後の日曜日と決められているのだが、キリストの復活した日が毎年変わるというのもおかしな話だ。もともとこれは祖先のエジプトからの脱出を記念するユダヤ教の「過越《すぎこし》の祝い」をキリスト教風にアレンジした祝日で、そもそも「過越の祝い」そのものの起源が農耕の春祭りだったのだから、こういう変てこなことになったのである。

二月から三月の中旬にかけては一年でいちばん観光客の少ない時期である。フィ

ドゥオーモ広場の似顔絵描き。

レンツェ市民もクリスマスから正月のお祭り騒ぎとそれに続くバーゲンセールで体力と財布の中身を使い果たしてしまったのだろう。町は冬籠もりしているかのように比較的ひっそりとしている。その分日本人の女子大生の姿がやたらと目立つ時期で、ウッフィーツィ美術館のボッティチェッリの部屋などほとんど日本語しか聞こえてこない。三月の半ばを過ぎて日もだいぶ長くなったころ、町には修学旅行の子供たちがどこからか降って湧いたかのようにあふれ出す。日本の生徒たちのように制服ではないし、おとなしくしてもいないから、町はにわかに彩り豊かに活気づく……、というのは好意的にすぎる解釈で、実際にはうるさいし、町は汚すし、迷惑がられている存在なのだが。そのころドゥオーモとサン・ジョヴァンニ洗礼堂の間の広場にパイプで仮設の観客席が組み立てられる。そこにTシャツ一枚で寝そべって日光浴するドイツ人の若い観光客たちの姿が見られるようになると、フィレンツェ市内にもいよいよ春の到来である。この観客席は復活祭に行われる「スコッピオ・デル・カッロ（山車の爆発）」のためのものなのだ。

このフィレンツェ独特の行事の起源は古く、一〇九六年の第一回十字軍にさかのぼるとされている。このときイェルサレムの城壁をまっ先に乗り越えて市内にキリスト教旗を立てたフィレンツェのパッツィ家のパッツィーノに、その功績をたたえて聖墓の石のかけらが三個与えられた。フィレンツェに凱旋したパッツィーノはこの石を家宝として尊び、石を打って起こされた火は「祝福された火」と呼ばれ、毎

サン・ジョヴァンニ洗礼堂の『天国の扉』はギベルティ作。これは複製で、本物は大聖堂付属博物館に展示されている。

年の聖土曜日（復活祭の前日）に信者たちに配る習慣が始まった。

それから数百年間、正確にいえば一八五九年に最後の当主が亡くなるまでこの行事はパッツィ家（ロレンツォ豪華公とジュリアーノの暗殺を企てた陰謀事件で、どちらかというと悪人のイメージが強い一家だが）の指揮の下におかれた。一三〇〇年代に山車で「祝福された火」を運ぶアイデアが生まれ、それから間もなく現在に見られる花火のスペクタクルの原型が登場したらしい。

ちなみにフィレンツェの人は、この山車を「ブリンデッローネ」と呼んでいる。言葉の元の意味は、だらしない格好をして千鳥足で歩く男のことである。昔の聖土曜日には、洗礼者ヨハネの仮装をした男性が山車のてっぺんに乗り、直立不動のまま町じゅうを引き回されていた。これは相当に体力を消耗する仕事である。例のぼろの毛皮を身にまとい、山車が揺れるたびにあっちへふらふら、こっちへふらふらよろめいているヨハネを見て、爆笑した観衆の間から「ブリンデッローネ！」と掛け声がかかったのは想像にかたくない。

このブリンデッローネに選ばれるのがどれぐらい名誉のあることだったか、当時の事情はよくわからないが、少なくともきつい、危険の2K仕事だったことは確かだ。あるときは山車が壊れかけていたため、洗礼者ヨハネが足を踏み外し、あわや墜落かという瞬間に見物人が窓からロープを投げてくれたので間一髪で助かったこともある。こんなことが起きたのでは、いくらフィレンツェ一の祭りの主役だといても、なり手がなくなるのは当然の成り行きである。そのうち生きた洗礼者ヨハネは人形に代えられたが、なぜか今の山車の上にはこの守護聖人の影も形もなくなっている。

現在に話を戻すと、教会の典礼制度の改革から、スコッピオ・デル・カッロは聖土曜日ではなく、復活祭当日の日曜日に行われるようになった。一九五七年と翌年には深夜の十二時に祭りを催したことがあるが、市民から大不評を買い、見物客がまばらだったあげく二回とも雨に降られてさんざんな目に遭ったという。

さあ復活祭の朝がやってきた。大人も子供も誰もがわくわくしながら祭りの始まるのを待っている。花飾りをつけた二匹の白い牛が旧市内の西端、プラート広場近くの車庫から出発してドゥオーモ広場まで山車を運んできた。古式サッカーの衣装を身にまとった選手や楽隊のパレードが続き、気分はじゅうぶん盛り上がっている。一方、パッツィ家の火打ち石が祭られているサンティ・アポストリ教会では「祝福された火」がろうそくに灯される（この炎はキリストが復活したとき地上を照らした輝かしい光を表す）。「祝福された火」がドゥオーモに運ばれるといよいよスペクタクルの始まりだ。午前十一時きっかり、グロリアのコーラスとともにドゥオーモの大祭壇の前に用意された張り子の白鳩（花火）に火が灯されると、鳩は白い煙の糸を引きながら、細い針金をすべるように大聖堂から外へまっしぐらに飛び去り、広場に置かれた山車に種火をパスする。ここで白鳩はまた教会内の大祭壇まで戻っ

復活祭のメイン・イベント、「スコッピオ・デル・カッロ」に使われる山車。

てくる。一方、火は山車に張り巡らされた導火線をくるくる回りながら上っていく。頂上に結ばれた爆竹がパン！　パン！　パン！　と耳をつんざくような威勢のいい音を立て、あたりにはもうもうたる煙とつんとする火薬の匂いが立ち込める。そこで大喝采のうちに祭りはフィナーレを迎える。

白鳩が大祭壇まで戻ってこないと凶作になると言われているので、かつてはとりわけ近隣から集まった農民たちがかたずをのんで鳩の動きを見つめていた。成功したときの感激はどれほどのものだっただろう。この日は町に住む市民階級と農民階級が肩を並べてキリストの復活を祝福し合える、年に一度の楽しいハレの日だった。その純真な気持ちは今も変わることなくフィレンツェ人の心の中に残っている。

フィレンツェの祭りというと、このスコッピオ・デル・カッロと守護聖人洗礼者ヨハネの祝日（六月二十四日）にサンタ・クローチェ広場で行われる古式サッカー試合が最も有名である。また、洗礼者ヨハネの祝日には夜十時からミケランジェロ広場で花火が打ち上げられ、アルノ川沿いの道や見晴らしのいい丘の上は何時間も前から見物客でいっぱいになる。花火が上がるたびにみんな大喜びで歓声を上げているが、隅田川の花火大会でも見せてあげたいと思うほど、実際にはたいした花火ではない。

中世に始まって今でも残っている伝統的行事を挙げてみよう。

〈フェスタ・デル・グリッロ（コオロギ祭り）〉

その昔、花の都フィレンツェでは五月一日に「カレンダマッジョ」と呼ばれる花祭りが行われていた。ダンテが九歳でベアトリーチェに出会ったのはまさにこの日といわれている。数日前から家々の窓は花輪、タペストリー、旗で飾られ、若者がお目当ての娘の家に花のついた小枝を届ける風習があった。フランスでは今でも五月一日にスズランの花をプレゼントするというから、起源は同じところかもしれない。だがどういうわけか、フィレンツェでは花に加えてコオロギを贈り始め（農作物が荒らされるのに閉口した農民たちが、コオロギの一斉駆除をし、生き残った虫を売りに出したのが起こりという人もいる）、今では花のほうはすっかりすたれてしまったが、コオロギはりっぱにお祭りとして定着している。復活祭から四十日後の木曜日、キリスト御昇天の日にカッシーネの森にずらりと露店が並び、虫カゴに入ったコオロギを、

「こいつは声がいいよ、こいつはパヴァロッティ級だよ！」と売りさばいている。いうならば縁起物で、カゴを買い求めた人々は家路を急ぐ。

〈フェスタ・デッレ・リフィコローネ（提灯祭り）〉

聖母マリアの誕生日（九月七日）を祝うため、サンティッシマ・アンヌンツィアータ教会に多くの巡礼者が集まったことがこの祭りのそもそもの起こり。遠方から

ワインの祝福祭りのパレード。女性が持っているのはキアンティワインでおなじみのフィアスコ。

農民やきこり、そのおかみさんたちが張り切って参加したが、彼らの第二の目的は翌日この広場で立つ市に自分の地方の特産品、たとえば布地やキノコを出品して稼いで帰ろうというものだった。フィレンツェにたどり着くまで何日も暗い山道を歩き続けるため、彼らはいつも提灯を携えていた。この田舎っぽい巡礼団の行列を見ておもしろがったフィレンツェの若者が、夜に彼らの寝泊まりするサンティッシマ・アンヌンツィアータ広場に集まって騒いでいたが、そのうち彼らの風習をまねて提灯行列を始めるようになったという。

〈ワインの祝福祭り〉

共和国時代にワイン商人組合が始めた祭り。九月二十九日、聖ミカエルの祝日に組合の長がワインを教会で祝福してもらい（現在はオルサンミケーレ教会前のサン・カルロ・デイ・ロンバルディ教会で行われている）、ヴェッキオ宮殿に運んで行政長官の晩餐会に奉納した。今では中世の衣装をつけてワインのフィアスコを抱えた女性たちのパレードが見られる。

十二月二十五日がクリスマス、ということはキリスト教信者の少ない日本でも知らない人はいないと思うが、この日はイエス・キリストの誕生日とは特に関係ない。先史時代から世界各地に存在していた太陽神崇拝教が古代ローマ帝国では十二月二

ルネッサンスの衣装を身に付けた女性は、ボッティチェッリの絵から抜け出したよう。

十五日に盛大に祭りを催したという記録があり、そのままこの日付がキリスト教の祝日に移行したとされている。

フィレンツェでも、十二月になると繁華街はデコレーションを始め、ふだんは休日とされている日曜もお店が開くので、旧市街はプレゼントを物色する買物客で大にぎわいだ。毎年登場する趣向を凝らしたデコレーションをぼくたちはとても楽しみにしているが、全市民が美術評論家でもあるこの町のこと、新聞の地方欄にはなかなか手厳しい批評が現れる。その中でいつも及第といえるのはアルマーニ、ヴァレンティノなどイタリアの高級ブティックが並ぶヴィーニャ・ヌオーヴァ通りで、毎年あまり変わり映えしないようにも見えるが、さすがにシックなセンスが光っている。

昔のフィレンツェのクリスマスはとても簡素で、イブの夜に暖炉でまきを燃やし、翌日残った灰を畑や庭にまいて大地の豊饒を願っていた。そのため、人々はオリーヴやカシの切り株をクリスマスのあいさつ代わりに贈り合ったそうだ。今でもフィレンツェではクリスマスのプレゼントやおこづかいを「チェッポ（たきぎという意味）」と呼んでいる。友人のブロンズ職人、ランベルト・バンキさんが徒弟時代（一九四六年）に書いた日記から引用すると、

十二月二十四日　火曜日

パレードの鼓笛隊。

今日はまったく仕事は何もしなかった。チェッポをもらいに、彫刻師、メッキ屋、骨董屋などあちこち回ってかなりたくさん集めた。親方にあいさつに行ったら、親方も百リラくれた。大満足だ。こんなにたくさん、つまり五百リラもおこづかいをもらえるなんて、全然思ってもいなかった。

（『仕事ばんざい』中央公論社　中嶋浩郎訳）

ところが張り切り過ぎたのがたたってか、ランベルトくんは翌日のクリスマスに「今日、四十度の熱を出して寝こんでしまった」と一行書き残したまま、日記を二カ月間放置している。病気が長引いたのだろうか。かわいそうなランベルト！

クリスマスが家族そろっておごそかに食卓につき、教会のミサに参加して静かに過ごす祝日なのに対し、大みそかは友達同士で集まって大騒ぎするのがならわしとなっている。日本とはまるで反対だ。クリスマスにレストランで食事するのは観光客ぐらいだが、大みそかの予約はあっという間に地元の人で満員になり、店も「大みそか特別メニュー」と称して平常より二十パーセントぐらい料金アップしている。

ぼくたち夫婦もある年の大みそかに、日本から来た友人夫婦と近所のレストランで食事をすることに決めた。下町で、とりわけ高級な店ではないが、この日のお客

クリスマスが近づくと、毎年趣向を凝らしたツリーがメイン・ストリートに飾られる。

は服装もドレッシーに決めている。時計が十一時半を回ると、さすがにお客もソワソワし始めてきた。店の人がビニール袋に入った紙吹雪、クラッカー、花火を配り始める。シャンパンのボトルも各テーブルに置かれた。さあ、いよいよ店の主人の秒読みが始まり、新しい年がやって来た瞬間、「アウグーリ（おめでとう）！」という大合唱とともにシャンパンの栓がスポーンと景気良く飛び交い、紙吹雪が部屋じゅうを舞う。そのうち爆竹とカンシャク玉が足元で破裂し始めた。人品卑しからぬ中年夫婦三組のグループが持参していたのだ。店で一番はしゃいでいるのが、このグループのおじさん二人で、ぼくたちの隣にいた家族連れの小学生ぐらいの男の子がうらやましそうに眺めている。彼も爆竹を持参したけれど、子供がほかにいないのでちょっと気後れしているのだ。ぼくが「ダイ、フォルツァ（がんばれ）！」と声をかけると、少年は乗りまくっているおじさんたちのところへ駆け寄って悪ガキぶりを発揮し始めた。

このように大みそかの熱狂ぶりは特に中年以上の男性に顕著に現れ、毎年イタリア全土で何人か（犠牲者は子供が多い）ピストルやライフルで撃たれて死んでいる。

クリスマス、大みそかが過ぎると次はお正月、といきたいところだが、それは省略しよう。どうしてかというと、お正月には何もしないからだ。元旦は昨夜のどんちゃん騒ぎの疲れを癒し、紙吹雪と割れたシャンパンの瓶を掃除するだけでおしまい。一月二日から人々は平常どおり仕事に戻る。

フィレンツェのカーニバルは、子供が主役。

年が明けて文房具店のウインドーにミッキーマウスのお面やピンクのフリル付きドレスが飾られるようになるとカーニバルも近い。復活祭前の四十日間をカトリックでは四旬節といい、肉食を断つ決まりがあった。今は四十日間も肉断ちする人は誰もいないが、「灰の水曜日」と呼ばれる四旬節の初日には肉屋さんは休業することになっている。一応形式だけは、というわけだろう。この期間に入る前の三日から一週間くらいがカーニバル（イタリア語ではカルネヴァーレ、肉を除くという意味のラテン語から）と呼ばれ、お祭り騒ぎをすることになっている。肉断ちはすたれたというのに、現金なもので、カルネヴァーレのほうはすたれるどころかますます盛んになっていくようだ。

残念ながらフィレンツェではヴェネツィアのように詩情豊かなスペクタクルは期待できない。その昔は仮面をつけた男女のパレードや広場のダンスパーティーなど楽しい催しがあったらしいが、現在のカーニバルというと仮装した子供がルンガルノ（アルノ川河畔）に集まって紙吹雪を飛ばし合う、お子様中心の祭りに過ぎなくなってしまった。

シニョリーア広場

広場は野外美術館

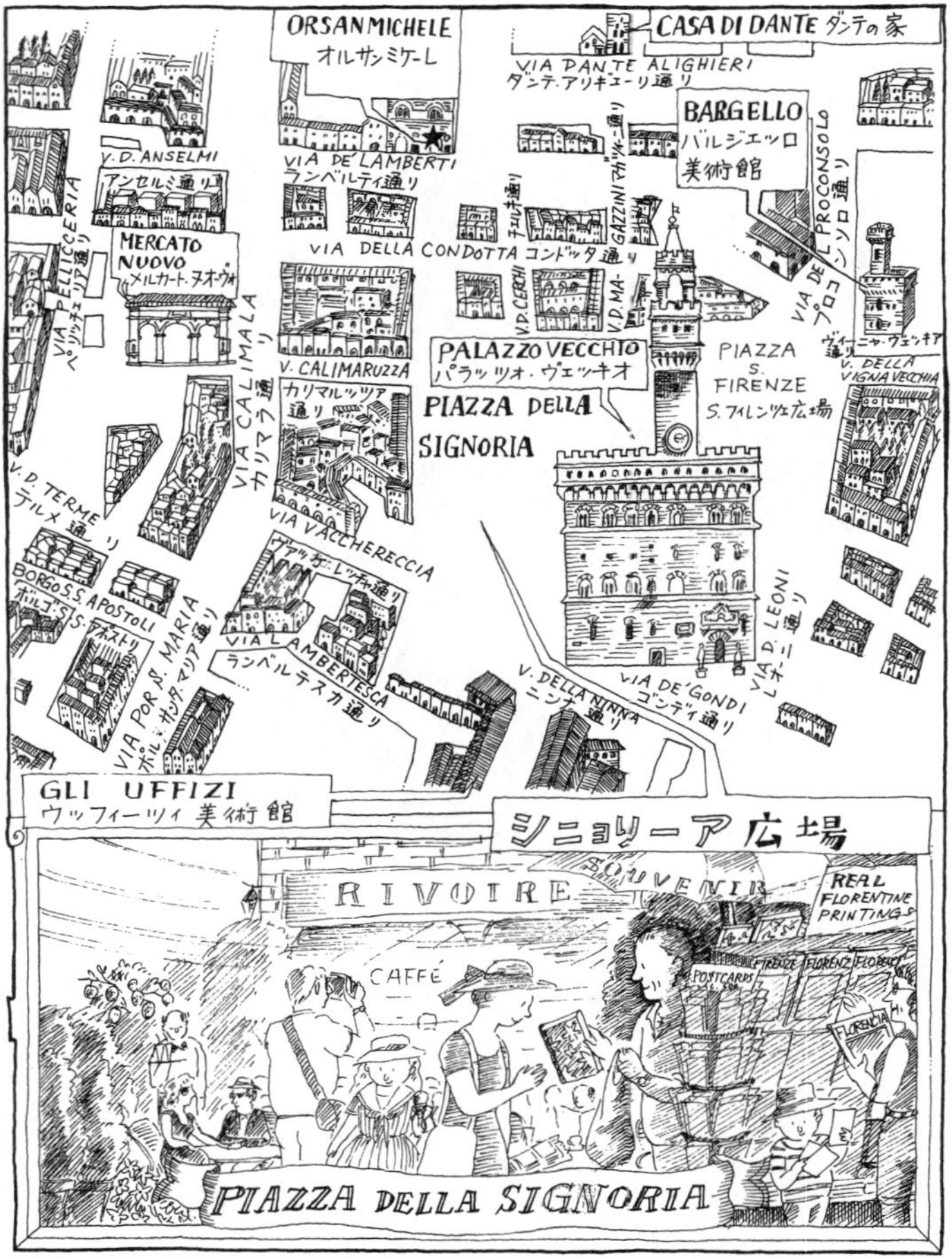
ORSANMICHELE
オルサンミケーレ
CASA DI DANTE ダンテの家
VIA DANTE ALIGHIERI
ダンテ・アリギエーリ通り
BARGELLO
バルジエッロ
美術館
V.D. ANSELMI
アンセルミ通り
VIA DE' LAMBERTI
ランベルティ通り
MERCATO NUOVO
メルカート・ヌオーヴォ
VIA PELLICCERIA
ペリッツェリア通り
VIA DELLA CONDOTTA コンドッタ通り
V.D. CERCHI
チェルキ通り
V.D. MAGAZZINI
マガッツィーニ通り
VIA DEL PROCONSOLO
プロコンソロ通り
PALAZZO VECCHIO
パラッツォ・ヴェッキオ
PIAZZA DELLA SIGNORIA
PIAZZA S. FIRENZE
S.フィレンツェ広場
ヴィーニャ・ヴェッキア通り
V. DELLA VIGNA VECCHIA
V. CALIMARUZZA
カリマルッツァ通り
VIA CALIMALA
カリマラ通り
V.D. TERME
テルメ通り
BORGO S.S. APOSTOLI
ボルゴ・S.S.アポストリ
VIA VACCHERECCIA
ヴァッケレッチャ通り
VIA LAMBERTESCA
ランベルテスカ通り
VIA POR S. MARIA
ポル・サンタ・マリア通り
V. DELLA NINNA
ニンナ通り
VIA DE' GONDI
ゴンディ通り
VIA D. LEONI
レオーニ通り
GLI UFFIZI
ウッフィーツィ美術館
シニョリーア広場
RIVOIRE
SOUVENIR
REAL FLORENTINE PRINTINGS
CAFFÈ
POSTCARDS
FIRENZE
FLORENZ
FLORENCE
FLORENCIA
PIAZZA DELLA SIGNORIA

今日もウッフィーツィ美術館の入り口付近では三重、四重に折り返された長蛇の列ができている。ガイドブック片手にたどり着いた人々は列の長さにうんざりしながらも、覚悟を決めて最後尾につく。ピーク時（春夏のヴァカンスシーズンの午前中）には二時間、三時間待ちが常識らしい。これほど待たなくては入れない美術館がいったい世界じゅうにいくつあるだろうか。一説によると数年前に入場料が一万リラから一万二千リラに値上げされたため、お釣りを出すのに手間取ってますます列の進みが遅くなったそうだ。

ミケランジェロの『ダヴィデ』が目玉のアカデミア美術館もまたしかり。ここではダヴィデ一体を見るだけでも一時間は並ばなければいけない。見るべきものが少なくとも十点以上あるウッフィーツィの二時間待ちとどちらが得か、限られた時間しかない観光客にとって選択を迫られるのは辛いところだけれど、一点豪華主義、大きいことはいいことだをモットーとするアメリカ人は迷わず『ダヴィデ』を選ぶそうである。

とはいっても、フィレンツェにも観光の閑散期はある。十二月のクリスマス前にはイタリアの国立美術館がすべて無料になる時期があるが、ほとんど宣伝もしない

フィレンツェの政治の中心ヴェッキオ宮殿。

し、二週間くらいなので気がついたらいつのまにか終わっていたということになりがちだ。だからこの時期にたまたま観光でこの町を訪れたとすれば、ゆっくり落ち着いて鑑賞できる上に無料なのだから、ラッキーこの上ない。

ところで閑散期といえば、イタリアでは夏の間閉館してしまう映画館が多く（その間、フィレンツェでは屋外映画館がオープンする）、その前の二週間は半額セールが行われる。日本だとたしか「映画の日」というのが三カ月に一回くらいあって、その日は映画館の前にそれこそ長蛇の列ができていたと記憶しているが、イタリアではそれは絶対ありえない。このシーズンにはなぜか駄作、凡作の類いしか上映されず、ある日「半額だから何か見ようか」といって家の近くの映画館に入ると、ほかにお客が一組しかいなかった。そのアベックもタイトルが映った途端になぜか出ていってしまった、というありさまだった。ちなみに、そのときの映画はジェラール・ドパルデュー主演で『わが娘はどこへ行ってしまったんだ？・』という珍妙なイタリア語のタイトルがついていた。

閑話休題。いわゆる近代的な美術館が一般に公開されるようになったのは十九世紀以降のことで、それまでは市井の人々が芸術を鑑賞できる場所など教会以外にはほとんどなかった。だが、このシニョリーア広場は中世からフィレンツェ市政の中心でありながら、一方では市民に芸術作品と触れる機会を提供する貴重な場所でもあった。

ミケランジェロ作『ダヴィデ』の複製。

最初にこの広場に迎えられた作品はドナテッロ作のライオン像『マルゾッコ』で、その名は軍神マルスに由来している。百獣の王ライオンは共和国時代のフィレンツェのシンボルとして人々に愛され、実際にフィレンツェ政府は一組のライオン夫婦を檻で囲い、シニョリーア広場の裏手のレオーニ（ライオン）通りで飼育していた。ライオンはだいたいが多産な動物だが、環境が悪ければ子供を生まないと信じられていたため、二頭の世継ぎが誕生したときは、祖国に繁栄をもたらすといって市民は狂喜した。

その後このライオン一家は二十頭以上の大所帯となり、中庭付きのパラッツォ（宮殿）をあてがわれて悠々と暮らしたそうだが、市民はあいかわらずライオンの生死に関しては一喜一憂し続けた。特にロレンツォ豪華公が逝去したその日、二頭のオスが決闘して喰い殺しあったのを、不吉の前兆として多くの人が気味悪がったという。予感は的中し、フランス王シャルル八世のフィレンツェ進攻と無能なピエロ・デ・メディチの失脚を経て、花の都は狂信的修道僧サヴォナローラに支配される暗黒時代を迎えることとなる。

この広場に集められた彫刻群を眺めていると、現代の都市が市庁舎前に展示したいと思うような「平和」や「安らぎ」をイメージしたものとはちょっと違って、戦闘的なシーンを表したものが多く、どことなく血なまぐささを感じる。だが敵陣に乗り込んで司令長官ホロフェルネスを斬首するユダヤの寡婦ユーディト（ドナテッ

ヴェッキオ宮殿前の彫刻群。

ロ作）、敵将ゴリアテにまさに石を投げんとするユダヤ少年ダヴィデ（ミケランジエロ作）に見られる祖国愛と勇気は、数々の侵略の歴史に彩られたこの広場にふさわしい永遠のテーマといえるだろう。

余談だが、イェルサレム副市長がフィレンツェ出身という縁で、最近このダヴィデ像のコピーを友好の記念としてイェルサレムに寄贈しようという話が出た。複製とはいえ世界の名作中の名作である。フィレンツェ側は当然大歓迎されるものと思っていたのだが、あっさり断られてしまった。敬虔なユダヤ教徒の国イスラエルとしては「男の全裸像を公衆の前にさらすなどとんでもない」というわけである。そこで、代わりにヴェロッキオ作のダヴィデ像（バルジェッロ美術館所蔵、若き日のレオナルド・ダ・ヴィンチがモデルといわれている）が贈られることになりそうだとか。美術的価値はミケランジェロのものとは比べようもないが、少なくとも腰のまわりには布を着けているから公序良俗に反する恐れはない、ということだろう。

また、ダヴィデ像と対になるよう注文された『ヘラクレスとカコス』（バッチョ・バンディネッリ作）は、ロレンツォの息子ピエロが追放された後のメディチ家の復権をシンボル化している。前述した二体の像は、いずれもほかの場所に置くために作られたものである。したがって、このヘラクレス像は広場のコンセプトをよりはっきりさせるため意図的に作られた最初の作品ということになる。だがダヴィデの神々しさと比べると一目瞭然だが、この像の評判は当初あまりかんばしくなく、

ドナテッロの『ユーディトとホロフェルネス』。これも複製。

チェッリーニは「スイカのたたき割り」と酷評している。

ところで、そのチェッリーニが作ったメドゥーサの首を持つ『ペルセウス像』が登場して、偶然にも死刑執行人（それも男を殺す女と、女を殺す男）の像が相対して並んだ時期があった。当時の観光ガイドは、

「こちらの像はホロフェルネスを斬首するユーディト、そしてこちらがそのユーディトに復讐するホロフェルネスでございます。このようにいにしえのフィレンツェの人々は『目には目を、毒には毒をもって制する』ことを好んだのでした」

と、いかにももっともらしく説明していたという。もちろん今となってはそんな話を信じる観光客はいないだろうが……。

しかし、逆にはっきりしたテーマがなくともその美しさで市民を魅了した作品もある。ペルセウスと並んで、男女三体が複雑に絡み合っている印象的な像は『サビニ女の略奪』（ジャンボローニャ作）と呼ばれ、その大理石の白さが薄暗いロッジャ（開廊）の中でスポットライトを浴びたように浮き上がって見える。この作品が発表されたとき、彫刻家は何のタイトルも用意していなかったので、それでは困ると考えた大司教が頭をひねってローマ建国にまつわる神話から名をつけたそうだ。

ロッジャはそのほかにも同じジャンボローニャの『ヘラクレスとケンタウルス』や古代ローマの婦人像など、多くの作品の展示舞台となっているが、何とこの場所で国際会議のオープニングをはじめ重要な式典が最近まで催されていたというから

かつてこのロッジャ（開廊）では、重要な記念式典がおこなわれていた。

驚く。あの彫刻群の間を縫って椅子を配置するのは何だか危なっかしいような気がするけれど。さすがに一九六一年の英国のエリザベス女王歓迎セレモニー以降は使われず、老朽化したロッジャはここ数年間はほとんどいつも修復作業が行われている。

残念ながらここで無料で見られる彫刻群のいくつかは複製で、残るオリジナルもいずれは複製に席を譲って隠居、という運命にあるようだ。だけど作品としての価値はともかく、広場で自由な空気を吸っているコピーのほうがずっと生き生きしていて気持ちがいいと思いませんか？　現にダヴィデ像が収容されているアカデミア美術館の展示室は、彼のために特別に設計された部屋ではあるけれど、天井の低さのおかげであの肉体があまりにもグロテスクに強調されて見える、と嘆いた人もいるほどだ。まあ、口さがないフィレンツェ人が何に対してもケチをつけるのは常套手段だから、といえばそれまでですが。

ついでにシニョリーア広場の界隈で、歩きながら彫刻が堪能できる場所はというと、何といってもオルサンミケーレ教会と『ポルチェッリーノ（イノシシなのだが、子ブタちゃんという愛称で親しまれている）』のあるメルカート・ヌオーヴォ（新市場、麦ワラ市場とも呼ばれる）だろう。ショッピングの目抜き通りの中心にあるオルサンミケーレ教会は、外壁の壁がんの中に中世の同業組合の守護聖人像が飾られている。ここではギベルティ、ヴェロッキオをはじめ、多くの彫刻家が競作をし

ポルチェッリーノ（子ブタちゃん）と呼ばれ、親しまれているメルカート・ヌオーヴォのイノシシ像。

た。中でも傑作といわれているのがドナテッロ作『聖ゲオルギウス』（武器職人組合の守護聖人）で、バルジェッロ美術館の少年ダヴィデ像を思わせる初々しい姿に心がひかれる。現在のところ複製が置かれているのはこの像だけである（オリジナルはバルジェッロ美術館）。

一方のポルチェッリーノについては、もともとギリシア時代の猪の彫刻をローマ時代にコピーした作品がウッフィーツィ美術館の廊下に展示されているが、これはさらにその複製である。何だかややこしいが、この愛らしい子ブタちゃんは一躍市場の人気者になった。彼の鼻先をなでてコインを投げるとまたフィレンツェに戻ってこられるという言い伝えがいつのまにか広まり、そこだけがピカピカ光っている。

シニョリーア広場を観光で訪れる人の多くは、あの要塞のように威厳あるヴェッキオ宮殿（パラッツォ・ヴェッキオ）は博物館の機能しか果たしていないと思っているようだが、実はここは現在でもれっきとした市役所で、住民登録、出生届や死亡届の提出の際には市民は必ず立ち寄らなければならない場所なのだ。市議会もこの中で開かれているし、りっぱな市長室もある。

役所の窓口が開いているのは午前中だけ。なぜイタリアではいまだにこの就業時間が実行されているのか？　午後になると公務員は何をしているのか？　「アルバイトをしているのさ、当然じゃないか」という声が聞こえてくる……。短い時間帯に能率よく仕事が処理されるのならまだ許せるけれど、役所の窓口係はすぐ「キウ

中世の同業組合の守護聖人像が飾られるオルサンミケーレ教会。これは武器職人組合の聖ゲオルギウス。

ーゾ（閉鎖）」と書かれたボール紙を置いて、そそくさとコーヒーを飲みに出かけてしまう。昼近くなると市場へ買い物に行く人さえいるらしい。

この状況を憂いたある国会議員が数年前、公務員のコーヒーブレイク一回ごとに給料から天引きをするという案を唱えたが、その後どうなったことやら……。それだけでなく、せっかく順番が回ってきても、書類の不備を指摘されて出直すはめになるとか、管轄が違うといってたらい回しにされるとかいうことは日常茶飯事だ。これは言葉のわからない外国人に限らず、イタリア人が毎週のように新聞の投書欄で訴えていることなのだ。

だが、無粋なお役所仕事だけではない。ヴェッキオ宮殿は結婚を予定しているカップルにはすばらしい式場を提供してくれる。それも無料で。実際には公示の費用としてごくわずかの印紙代が必要だが、書類を提出しさえすれば誰でも希望の日に挙式できる。

市役所で結婚するというと、事務机の並ぶ部屋の片隅で書類にサインして終わり、という味気ないものをつい想像してしまうが、イタリアの市庁舎はどれも年代物なので、シャンデリアやタペストリーで飾られた重厚な広間が必ずある。「赤の間」と呼ばれるここヴェッキオ宮殿の式場は、壁、カーテン、調度品すべてが真紅で統一されている。花嫁の白いドレスがこれほど美しく映える色彩はない。フェリーニの名作『甘い生活』でトレヴィの泉に飛び込んで官能的なシーンを見せてくれたス

ヴェッキオ宮殿で結婚式を終え、幸せそうなカップル。

ウェーデン女優アニタ・エクバーグも、この広間を女性として一生に一度の晴れの舞台に選んだ。

ところで、華やかさはぐっと落ちますが、実は私と夫もヴェッキオ宮殿で挙式したうちの一組なのです。ここでは外国人同士の結婚だと手続きがとても簡単で、希望する日の一週間前までに法定翻訳した独身証明書を提出すれば、問題なく日取りが決められる。ところが夫の場合、すでに数年前からここに住んでいて住民票を持っていた。そうするとイタリア人の結婚と同じ扱いになり、手続きはずっとややこしくなる。まず第一段階として出生証明、独身証明などの書類を提出し、結婚の公示をしてもらわなければならない。もし公示を見てこの結婚に異議のある者がいれば出頭せよ、というのが建前だが、そんな抗議があるはずもなく、私たちの場合、老舗の陶器店ジノリからダイレクト・メールが一通届いただけだった。

それから、式の一カ月前になると証人二人を同行して正式に日取りを決める。さらに一週間前には同じ日に挙式予定のカップルが招集され、順番と時刻が決められる。式は赤白緑のたすきをかけた市の評議員の立ち会いで行われる。結婚に関する民法の条文が読み上げられ、二人がそれぞれ相手を妻、そして夫にすることを誓い、分厚い記録簿に二人の証人とともに署名し、希望者は指輪の交換をする。立ち会いの評議員がお祝いの言葉を述べ、市からプレゼントが贈られる。私たちがもらったプレゼントは豊饒を象徴する果物や穀物が彫られた銀の置物で、これでは市は完全

ヴェッキオ宮殿「赤の間」での結婚式風景（写っているのは私たち）。

に赤字である（現在は経費節減で花束になっているらしい）。一日、といっても役所なので午前中に十八組まで挙式できるが、ハイシーズンの六月の土曜日ともなると、一組あたり十五分足らず、記念撮影をしている間もなく次の組が入ってきて、トコロテンのように押し出されるはめになるので、これだけは避けたほうがいいでしょう。私たちは水曜日で二組しかなく、それも二番目だったので落ち着いてできた。

それにしても、どうしてイタリアの住民票を持つと結婚の際にこんなに厳しくチェックされ、住民票がないと簡略化されるのか、考えると不思議なことだ。役所の人も、どうせこの夫婦はフィレンツェの住民にならない、と思うと手抜きをしたくなるのだろうか。

なお、イタリア人が教会で挙式する場合も、結婚前の公示のためにヴェッキオ宮殿に出頭することが義務づけられる。だから結局教会と市役所の両方に足を運ばないといけない。今の若い人にこれだけの忍耐強さはなさそうだし、イタリア人の結婚率がだんだん下がっているのも何だかわかるような気がしてくる。

こう書くと「日本だって結婚前には披露宴会場のホテルで何度も打ち合わせするから、面倒さは同じじゃないの」と言われそうだが、日本の民法では婚姻届一枚を提出しさえすれば夫婦と認められる。それも役所には二十四時間いつでも受け付けてくれる窓口があると聞いた。離婚も協議離婚なら簡単だ。こちらではお互い離婚に同意していても最低三年間の別居期間が必要で、それでも結婚、離婚を繰りかえしている人を見ると、本当にマメな性格なんだと感心せずにはいられない。

式を終えたばかりのカップルが頬を紅潮させながら、ヴェッキオ宮殿から広場に降りてくる。通りすがりの人々の拍手とカメラのシャッター音、各国語で響きあう祝福の言葉が雰囲気をいっそう盛り上げてくれて、照れながら馬車に乗り込む二人の姿がほほえましく映る。ここでは誰もが隣人の幸福を心から願っているようだ。だがそんな印象を与えてくれるシニョリーア広場も、過去には数々の血なまぐさい出来事の舞台となった。怒り狂った市民たちがサヴォナローラを絞首台に吊るし、火あぶりにした場所を示す記念碑も残されている。そしてほんの数年前、全世界を震撼させた惨事がここからほど近いジェオルゴーフィリ通りで起こった。一九九三年五月二十七日。フィレンツェ市民はこの日を決して忘れることができないだろう。

わが家では朝目を覚ますと必ず夫が食堂のラジオをつける。特に目当ての番組があるわけではない。ただコーヒーを飲むときにBGMが流れているのが好きだからだ。だがその朝はスイッチをひねったとたん、音楽でなく緊急事態を伝えるニュースが飛び込んできた。

夜中の一時ころウッフィーツィ美術館の裏側にあるアカデミア・デイ・ジェオルゴーフィリ（農業科学関係の資料が充実していることではイタリア屈指の古文書館）で爆発が起こり、死傷者が大勢出たという。被害は近辺の家屋からウッフィー

爆弾テロで大きな被害を受け、復旧工事中のウッフィーツィ美術館。

ツィ美術館にまで及び、西側開廊とヴァザーリの廊下の一部、ブオンタレンティの階段などが壊滅状態との報道だった。そういえば昨夜寝る前に消防車の音がやけにうるさいなと思っていたが、まさかそんな大事故が起こっていようとは思わなかった。当初はガス漏れが原因ではないか、という見方があったが、同じ月にローマで人気司会者マウリツィオ・コスタンツォを襲った爆発物のテロ事件（死傷者なし）が起きている。今度もその可能性がないとはいえない。だが誰もフィレンツェにそんなことが起きるとは信じたくなかったので、祈るような気持ちで捜査結果が発表されるのを待っていた。

昼近くに、事故は単なるガス漏れではなく、現場近くに停まっていた盗難車の中で時限爆弾が爆発したものであるという発表があった。犯行の手口からマフィアが仕組んだ可能性が高い。このニュースを聞いたフィレンツェ市民の怒りと悲しみがどれほどのものだったか……。翌日フィレンツェじゅうの商店主や職人さんたちが一斉に仕事を休んで、暴力行為に対する抗議デモに参加したほどである。

犠牲となったのは古文書館の管理人一家四人と建築を学んでいる男子学生で、特にあどけない八歳の少女ナディアと生後二カ月の妹が殺されたことが市民の涙を誘った。いったい何のために罪のない普通の人々の命が奪われるのか。そしてウッフィーツィ美術館。恐ろしいことに現場に近い側のガラス窓は完全に吹き飛んでいた。ダメージを受けた絵画、彫刻は三十数点。中には修復すら不可能なものも。ボッティチェッリやレオナルドの傑作は反対側の棟にあって破壊を免れたとはいえ、取り返しのつかない被害である。第二次大戦中のヒットラーでさえ美術品には手をつけなかったのに、と世界じゅうから非難が湧き起こった。

破壊された建物の中に一軒の小さなペンションがあった。「クイジザーナ」というそのペンションは、映画『眺めのいい部屋』の撮影ロケが行われたこともあり、古いフィレンツェの雰囲気を残すホテルとして多くの人に愛されていた。私たちも実はこの事件が起きる二週間前に知人をここに紹介したばかりだった。その人はニュースを聞いて驚いて、

「こんなことが起きてとても残念です。あそこの親父さんと一緒に撮った写真があるのですが、お見舞いの手紙に添えて届けてもらえないでしょうか」

と、日本からていねいに手紙を送ってくれた。けれども何カ月たってもホテルが修復される様子はない。『眺めのいい部屋』のプロデューサーや主演女優のヘレナ・ボナム・カーターが音頭を取ってホテルの再建基金を集めているという記事を目にはしたけれど。現場から遠くないヴェッキオ橋の近くに仕事場を持っていて、壁や天井が崩れるという被害に自らも遭った金細工師のフランコに聞いたところ

「あのホテルはもともと彼らのものじゃないし、最近は経営も苦しくてやめたがっていたらしいよ。ボンバ（爆弾）が引き金になって、かえってよかったんじゃないかという人もいるくらいだ」

というちょっと悲しい答えが返ってきた。場所がよく、古い建物で良心的な経営のホテルだったのだが……。この物価高のフィレンツェで、そのイメージを守っていくのに彼らも苦労していたのだろう。どこかで別の人生を始めているのなら、陰ながら応援したいような気持ちになってくる。

シニョリーア広場裏手のプロコンソロ通りに裁判所があることから、犯人の標的はもともと裁判所で、車を停められなかったためジェオルゴーフィリ通りに回ったのではないか、というもっともらしい仮定も囁かれた。だが捜査が進むにつれて、ペンティート（元マフィアの一員で、改悛して警察に協力する人）の証言などから、彼らが第一級の文化財をねらって、ウッフィーツィに火炎瓶を投げるなど予行演習も試みていたことがしだいに明るみに出てきた。マフィアの国家に対する挑戦が、ついにイタリアが最も誇りとする芸術作品への攻撃という形で現れたのである。

だが、この事件はマフィアの思惑とは裏腹に、市民たちの連帯心をいっそう強固なものとした。全世界から集まった寄付、ボランティアの活動に助けられ、ウッフィーツィ美術館の修復は驚くほどのスピードで進んだ。事件からわずか一カ月後、暑い暑い日曜日だったが、オープンした美術館の前には再び長蛇の列ができた。

「わたしは今朝一番の汽車でラヴェンナから来ました。ウッフィーツィが再開されると聞いて、いてもたってもいられなくて……。今、この場所にいることがわたしたちの連帯の証しです」

感激のあまり声を震わせてテレビニュースのインタビューに答える女性がとても印象的だった。

サンタ・マリア・ノヴェッラ

フィレンツェの表玄関

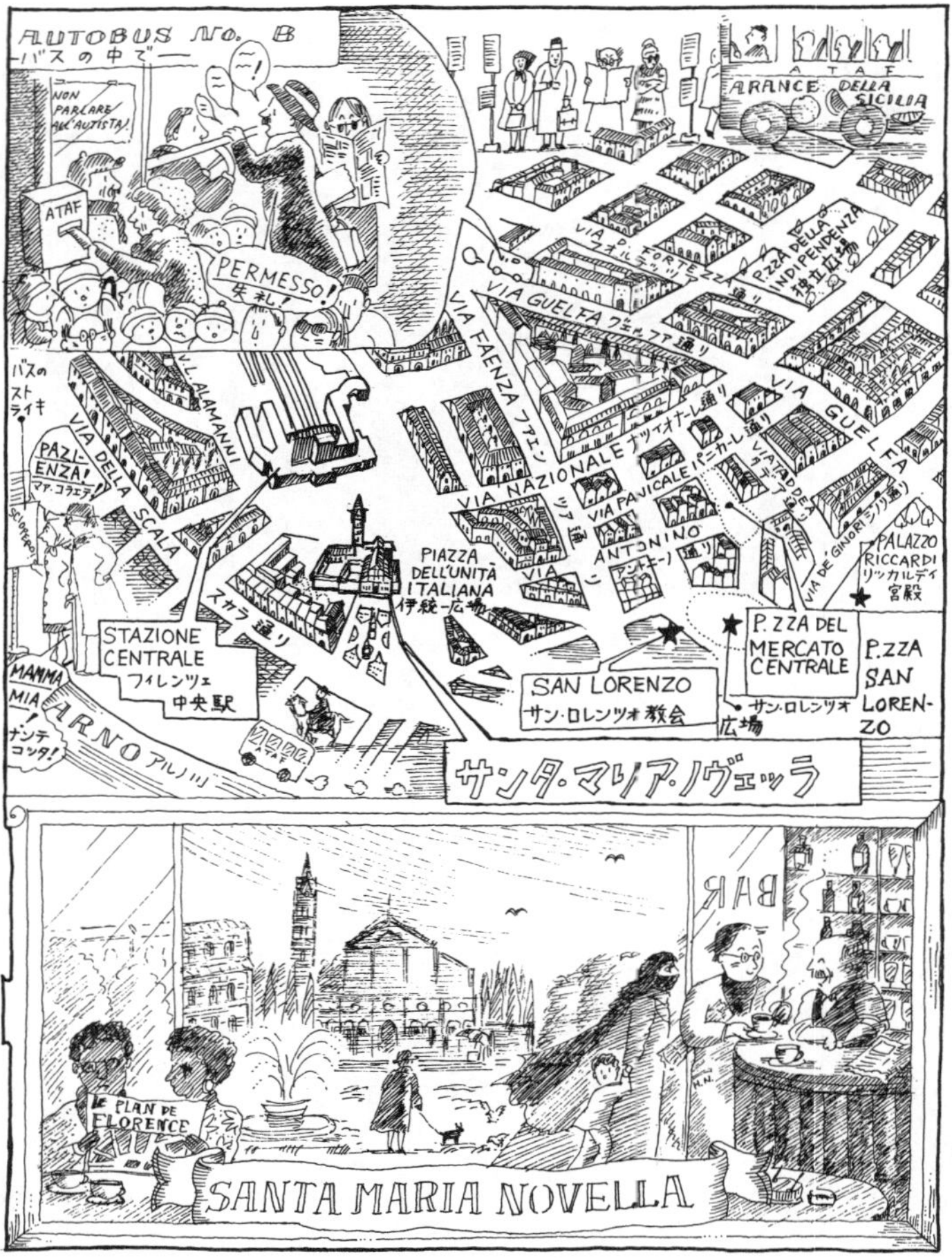
AUTOBUS No. B
バスの中で
NON PARLARE ALL'AUTISTA!
ATAF
PERMESSO!
失礼!
ATAF
ARANCE DELLA SICILIA
VIA D. FORTEZZA フォルテッツァ通り
P.ZZA DELLA INDIPENDENZA
独立広場
VIA GUELFA グェルファ通り
VIA FAENZA ファエンツァ
VIA NAZIONALE ナツィオナーレ通り
VIA PANICALE パニカーレ通り
VIA GUELFA
VIA DE' GINORI ジノリ通り
PALAZZO RICCARDI
リッカルディ宮殿
VIA ANTONINO アントニーノ通り
V.L. ALAMANNI
バスのストライキ
PAZI-ENZA!
マア、コラエテ!
SCIOPERO
VIA DELLA SCALA
スカラ通り
PIAZZA DELL'UNITÀ ITALIANA
伊統一広場
STAZIONE CENTRALE
フィレンツェ中央駅
P.ZZA DEL MERCATO CENTRALE
P.ZZA SAN LORENZO
SAN LORENZO
サン・ロレンツォ教会
サン・ロレンツォ広場
MAMMA MIA!
ナンテコッタ!
ARNO アルノ川
ATAF
サンタ・マリア・ノヴェッラ
BAR
LE PLAN DE FLORENCE
SANTA MARIA NOVELLA

フィレンツェ駅で電車を降りて駅前広場に出ると、まず目に飛び込んでくるのはロータリーの向こう側にそびえる茶色い石積みの大きな建物だが、それはサンタ・マリア・ノヴェッラ教会の裏側である。フィレンツェの中央駅は正式には「フィレンツェ・サンタ・マリア・ノヴェッラ駅」といい、その名のとおり教会のちょうど裏手にあたる場所に作られている。

フィレンツェに鉄道が開通したのは一八四八年六月十日というから、まだイタリア統一以前、トスカーナ大公国の時代だった。時の大公レオポルド二世は首都フィレンツェとリヴォルノ港を結ぶ鉄道「レオポルダ」を計画し、一八四四年にはそのうちのピサ―リヴォルノ間が完成していた（イタリアで三番目の路線）。それまではリヴォルノ港に着いた貨物はアルノ川を利用してフィレンツェに輸送されていたのだから、これは画期的な計画だった。大公はイギリスに世界初の鉄道が開通した一八二五年にこの計画を思いついたというから、進歩的で合理的な人物だったのだろう。だが、土地所有者、仕事を奪われる駅馬車業者やアルノ川の水運関係の人たちにとっては死活問題であり、鉄道建設には強く抵抗した。それに法王グレゴリウス十六世が「悪魔の化身」と呼んだ鉄道は一般民衆にも恐れ嫌われていたわけだから、実現までに二十年以上の年月を要したのである。

フィレンツェとピサを結ぶ鉄道は今も健在だが、開設当時この路線の始発駅はサンタ・マリア・ノヴェッラ駅ではなく、プラート門外の「レオポルダ駅」だった（ここはもうとっくに駅としては使われなくなったが、最近ファッションショーなどの会場として古い駅舎が利用されている）。数年後にフィレンツェ—ピストイア間の鉄道が開通し、その始発駅として作られたのが「マリア・アントニア（大公妃の名）駅」、サンタ・マリア・ノヴェッラ駅の前身である。今でこそ駅と教会の間には芝生の植わった大きな広場があるが、マリア・アントニア駅は教会のすぐ裏手まで迫っていた。だから、もし汽車のブレーキが故障でもしようものなら、「悪魔」が「神」の住居へそのまま突っ込む危険があった。

イタリアが統一されると、北と南、つまりミラノとローマの二大都市を結ぶ鉄道（日本でいったら東海道線に相当する幹線）がつながり、そのちょうど中間地点にあたるフィレンツェ（どちらからも三一四キロメートル）はボローニャとともに非常に重要な位置を占めるようになる。そして、市の中心部に近いサンタ・マリア・ノヴェッラ駅はプラート門外の駅より便利だったから、フィレンツェの中央駅として利用されるようになった。

ファシズム時代の一九三二年、教会との間に広いスペースを持つ新しい駅の設計コンクールが行われた。実はその前年にある建築家に任されたのだが、その案が四方八方から猛反対にあい、改めて一般公募することになったのである。

ところで、フィレンツェにはルネッサンスの時代から公共建造物などのコンクールを実施してきた伝統がある。中でも有名なのは一四〇一年に行われたサン・ジョヴァンニ洗礼堂の扉のコンクールで、ギベルティとブルネッレスキが最後まで競い合った（課題として二人が制作した二枚の『イサクの犠牲』のブロンズ浮彫が今もバルジェッロ国立美術館に展示されている）。このとき敗れたブルネッレスキが、二十五年後に行われたドゥオーモの大円蓋の設計コンクールでは、今度は建築家としてギベルティの鼻を明かしたという話も名高い。

フィレンツェ駅の応募プロジェクトはヴェッキオ宮殿に展示され、市民が大勢つめかけた。フィレンツェ人がみなそれぞれ一家言を持っているというのもルネッサンス以来の伝統で、町じゅうどこへ行っても支持する作品を巡って侃々諤々《かんかんがくがく》の議論が戦わされたということだ。一番の注目を集めたのがジョヴァンニ・ミケルッチを代表とする若いトスカーナ出身の建築家グループが設計した、当時としては革命的な作品だった（結局ムッソリーニの決断でこれが採用されている）。もちろん反対もあった。画家のアルデンゴ・ソッフィチなどは、

「新聞はまちがえて梱包箱の写真を掲載したらしい。本当のモデルは中に入っているはずだ」と皮肉たっぷりに批評している。

たしかに、ミケルッチが設計したフィレンツェ駅の正面は大きな茶色の箱型で、

「嘆きの壁」と呼ばれるフィレンツェ中央駅。一見箱のようだが、口うるさいフィレンツェ人には評判がよい。

一部にガラス窓の帯があるだけのとてもシンプルなデザインである。そのガラスの部分が水の流れのように見えるため、「嘆きの壁」というあだ名がつけられた。作られてから六十年以上たった今もまったく古さを感じさせないし、機能的にもよくできている。何よりもファシズム建築によくある仰々しさがなく、すっきりしているところがいい。レプッブリカ広場のアーケードやドゥオーモのファサードなど、新しい建物のことをくそみそにけなすフィレンツェの人たちだが、この駅の悪口はあまり聞いたことがない。それどころか、偉大なフィレンツェ建築の流れを汲む二十世紀の代表的建物であると評価され、ジョヴァンニ・ミケルッチはブルネッレスキ、ミケランジェロの後継者とまで言われているのである。最近、バス乗り場、インフォメーション、新聞売店などに使われる細長い屋根つきのプラットフォームが駅の横に作られた。これは現代イタリアを代表する女流建築家ガエ・アウレンティの設計で、フィレンツェの建築によく使われる灰色と緑の石を縞模様に重ねた、なかなかシックなデザインだとぼくは思っていたのだが、これがひどく評判が悪い。「ミケルッチの横にこんな陳腐なものを並べるとはけしからん。すぐに撤去しろ」というわけで、しばらくは新聞紙上をにぎわせていたが、目が慣れてきたのか、あきらめたのか、最近はおとなしくなった。

一九九〇年にイタリアでサッカーのワールドカップが開催されたとき、フィレンツェも会場になった。それに合わせて、駅前広場の下に数千台収容の大地下駐車場

中央駅コンコース。天井がガラス張りで明るく、機能的。

の建設が計画されたが、実際に工事が始まったのはワールドカップの半年ほど前から、もちろん間に合うはずがなく、大会期間中、駅前広場は板塀で囲まれた巨大な工事現場となっていた。穴がふさがれ、広場に芝が植えられて工事以前の姿に戻ったのは、ワールドカップが終わってから二年以上たった一九九二年の末だった。いかにものんびりしたイタリアらしい話であるが、まだそれでも完成しただけましというものだろう。トンネルを抜けたところで、雪国ならぬ墓地にぶつかってしまい、そこで工事が中断したままになっている高速道路とか、本体は完成したものの水路がなくて水が引けないダムとか、うそのような話がいくらでもころがっているのだから。

駅のことを書いたついでに、フィレンツェの交通事情についても書いておこう。フィレンツェの道は狭い。それも当然、周囲を壁で囲まれた限られた空間に家が建てられていたのだから、広い道など作る余裕はなかったのだ。第一、自動車が発明される何百年も前のことなのだから、せいぜい馬車や荷車が通れる道幅があればじゅうぶんだった。そして、基本的にはそのころから道路の幅は変わっていない。いや、両側に歩道がつけられたから、かえって狭くなっているかもしれない。ところで、この歩道というのがまたくせ者、とにかく幅が狭い。五〇センチもないんじゃないかというようなところもあるし、敷石がでこぼこだったり、傾いていたり、自転車が置いてあったり、違法駐車の車でふさがれていたり、歩きにくいことはな

最近作られたバス発着所のデザインは、あまり評判がよくない。

はだしい。足元に注意しながら歩いていると、今度はちょうど頭の高さに窓の出っ張りがあって、それに激突してタンコブをこしらえることにもなる。

要するに、フィレンツェの町に自動車が入ること自体がだいたい無理な話なのだ。だが、今の時代にそんなことを言ったところでしかたがないわけで、実際、片側に車がずらっと隙間なく並んで停まっていて、ますます狭くなっている道を我が物顔で自動車が走っている。雨でも降ろうものなら、ふだんはバスを利用したり、自転車やバイクに乗っている人たちまで車を使うから、道路はいたるところで大渋滞となる。

だが、自動車の弊害はそれだけではない。「町全体が一つの美術館」であるフィレンツェには大理石やブロンズの屋外彫刻が数え切れないほどあるし、ドゥオーモやサンタ・マリア・ノヴェッラ教会など大理石造りの建物も多いが、それが自動車の排気ガスでまっ黒に汚れてしまっている。汚れるだけならいいが、化学変化を起こしてしまうから、洗えば済むという問題ではないのである。ミケランジェロの『ダヴィデ』、ドナテッロの『ユーディト』、洗礼堂の『天国の扉』など、オリジナルは美術館に移され、代わりにコピーが置かれる作品が増えてきて、このままでは町じゅうコピーだらけになってしまうと憂える声もある。

フィレンツェは周囲を山に囲まれた大きな盆地である。だから、カラッと晴れて風があるとか、雨が降るとかしないかぎり、町をすっぽり覆っている空気の汚れはなかなか消えない。まして、イタリアでは排気ガスの規制が叫ばれ出したのはつい最近のことで、いまだに鉛入りのガソリンで走る車が大部分という状態なのだから、文化財の保存とか町の美観などよりもっと切実な、住民の健康という深刻な問題も抱えている。

市の歴代の交通担当評議員はこの問題に頭を悩まし続けてきた。フィレンツェに一方通行の道が多いのは当然だが、その向きがしょっちゅう変わる。車の流れをスムーズにするためなのだろうが、そのためにかえって渋滞がひどくなったりすることはあっても、特に状況が改善されたということはないような気がする。

数年前からフィレンツェの旧市内の大部分が「ZTL（交通制限区域）」に指定され、平日の朝七時半から夕方六時半までは、バス、タクシー、消防車、パトカーなど公共の車、それに区域内に住む市民の車しかその中に入れなくなった。ヨーロッパで一番大きい「ブルーゾーン」だというのが交通担当評議員のご自慢だったが、お客が減ることを心配する区域内の商店主などの猛反対にあい、擦った揉んだのあげくようやく実現にこぎつけている。はじめのころは区域の入り口で、そのためにわざわざ増員されて正規の制服が間に合わないため、ジャンパーのようなものを着た婦人交通警官がチェックしていた。こちらでも婦人警官はとても厳しく、違反者は決して見逃さなかったから、区域内の交通量はかなり減った。そして、車が通らなくなったアルノ川沿いを自転車が気持ち良さそうに走っている姿が見られたもの

市内に駐車スペースがないため、教会前の広場も駐車場にせざるをえない。

だった。

ところが、今度はその区域のすぐ外側がひどい状態になった。大部分のドライバーは、もしかしたらうまくチェックをくぐり抜けられるかもしれないという期待を持って、今までと同じように車でやって来る。入り口でチェックにあうと、病院へ行くとか、大事な仕事の約束に遅れそうだとか、知らなかったとか、思いつく限りの口実を挙げて見逃してもらおうとする。だが、住民以外の車がゾーンに入るには警察が前もって発行した許可証が必要で、婦人警官は絶対に通過させない。かといって素直に引き下がる人は少ないから、そこで口ゲンカが始まる。こちらの女性は言い争いなら負けないから婦人警官も言い返す。しばらくやり合った後、捨てゼリフかあまり上品とは言えないジェスチャーを残してUターン、近くに駐車することになる。ここまで一人あたり最低五分はかかる。その間もあとからあとからやって来る車の行列は伸びる一方である。チェックポイント付近に駐車場などほとんどないし、仮にあったとしてもすでに満車だから、路上駐車ということになる。スペースを探してうろうろする車と後続車、中には二重駐車で道を完全にふさいでしまうやからもあり、あたりは大混乱。排気ガスと騒音が市の中心部から郊外へ少し移動しただけで、そのとばっちりを食った近所の住民は怒り心頭に発する……。

ところで、チェックする警官の姿がいつの間にか見えなくなるとともに、無許可の車も平気で区域内に入るようになった。これは実にイタリア的な現象である。

思い出すのがおよそ五年前、イタリアでもシートベルトの使用が義務づけられたときのことだ。違反者はかなり高額な罰金を払うことになった。そのころ乗せてもらった知り合いのイタリア人の車には、運転席の前の目立つ場所に例外なく「シートベルト着用！」と大きく書いた紙が張ってあり、みんな「おっと危ない、忘れるところだった」と言いながら、めんどうくさそうにシートベルトをつけていたものだった。当時ナポリではシートベルト模様のTシャツが売り出されてけっこういい商売になったそうだ。今は誰もシートベルトなどつけていないし、罰金を取られたという話もまったく聞かない。

イタリアに来たばかりのころ、イタリア人の運転する車に乗るのがとても怖かった。フィレンツェの旧市街を取り巻く片側三車線の環状道路はいつも混雑しているが、車線を守って走る車は一台もない。みんなジグザグ運転をしながらどんどんほかの車を追い抜いて行く。合流地点ではいちばん左の車線からいちばん右の車線へほとんど道を横断するように走る車があるかと思えば、その逆を行く車があり、そんなことにおかまいなく悠々とまん中の車線を走る車もあるのだから、そしてそれが猛スピードで車間距離もなく行われるのだから、ほんとうに怖い。イタリア人の友人にそう言うと、

「フィレンツェの運転はとてもおとなしいよ。ローマじゃこんなもんじゃないし、ナポリへ行けばローマでさえ楽だったと思うから。何しろ、赤信号で停まっていて

幾何学模様が美しいサンタ・マリア・ノヴェッラ教会のファサード。

も後ろからクラクションを鳴らされるんだからね」という返事だった。

その後ぼくもローマとナポリへ行って、彼の話をなるほどと納得したが、それでもまだフィレンツェでイタリア人に車に乗せてもらうのが怖いのに変わりはない。

F1のフェッラーリに対する熱狂的な応援ぶりからもわかるように、イタリア人はスピード狂である。ハンドルを握るとみんなフェッラーリのパイロットになった気分になるらしい。運転を職業にしているタクシーの運転手となれば、腕に自信があるからなおさらで、フィレンツェの狭い道路でもおかまいなし、どんどんぶっ飛ばしていく。前方に駐車している車などがあって道幅が狭くなっていてもスピードは緩めない。黄色信号はもちろん、赤信号になりかけなら迷わず突っ込んで行く。その代わり青信号になったからといってむやみに発車したりはしない。それが仁義というものだろう。ドイツ人は信号に頼り過ぎてよくイタリアで事故を起こすのだそうだ。

タクシーならまだいいが、同じくプロのバスの運転手もみんなスピード狂である。フィレンツェ市内を走るオレンジ色の車体にATAFと書かれたバスの図体は、道幅に比べるとかなり大きい気がする。それがかなりのスピードで走っているのだから、乗っている人も道を歩いている人も相当なスリルを味わうことになる。だが、さすがに腕も確か。荷物を降ろすために停車しているトラックの横を、ほんの数センチの透き間だけですり抜けていくところなどまさに神業である。

フィレンツェ市民の貴重な足、ATAFのオレンジ色のバス。

フィレンツェの旧市内の観光は歩いてするに限るが、ミケランジェロ広場へはATAFの十二、十三番、フィエーゾレへは七番など、バスが便利だろう。また、最近では市内を走る三路線の電気バスもお目見えした。家の近くをそのうちのB線が通っているので、ぼくはいつも利用しているが、フィレンツェ駅、ドゥオーモ、ヴェッキオ宮殿、アルノ川沿い、ヴェッキオ橋、ピッティ宮殿、カルミネ教会と、ちょっとしたフィレンツェの観光名所巡りができる。

バスには番号が書いてあるだけで行き先表示はない。停留所には大まかなコースが書いてはあるが、市内の地理を知らない人にはわかりにくい。そして、仮に正しいバスに乗れたとしても、車内アナウンスがないから今度はどこで降りたらいいか困ってしまう。だが、ご心配なく。運転手に目的地を言えば、そこの近くの停留所に着いたとき教えてくれるし、もし運転手が知らなかったとしても乗客の中に必ず何人か親切な人がいて、「何番目の停留所で降りればいい」とか「わたしもそこで降りるから」とか、いろいろ言ってくれるはずだ。

また、特に目的がなくても一度くらいバスに乗ってみるのもおもしろいと思う。運転席の横には「運転手に話しかけないこと」というプレートが張ってあるが、ほとんど効果を上げていないようだ。もしかすると、運転手のほうから話しかけているのかもしれない。道をふさいで停まっている車があれば、さっそく運転手の腕の見せどころである。どうしても通れないときはクラクションを鳴らして車の持ち主

バス停の表示板と時刻表。車内放送がないので、降りる場所は他の乗客に聞いた方がよい。

が戻るのを待つ。たいがい荷物を抱えて走ってきて、ゴメンゴメンと手を振ってすぐに発車して行くが、ときどきなかなか現れないことがある。五分以上たって車の長い行列ができたころクラクションの洪水の中を悠然と戻ってくるが、そういう人に限って、

「たったの一分じゃないか、うるさいな」と、謝るどころか逆に言い返してくる。するとと乗客のおじさん、おばさん、おじいさん、おばあさんたちから、

「無教養、礼儀知らず、高慢ちき、馬鹿、間抜け……」と罵声が一斉に浴びせられる。

ところで、バスに乗る上で大事なことを一つ忘れていた。乗る前にATAFと書かれたオレンジ色のステッカーの張ってあるバールなどで切符を買うことだ。切符は全区間同一運賃。バスの中に販売機はないし、運転手も売ってはくれない。もっとも、「切符を売ってください」と乗客に呼びかけている人をときどき見かけることがあり、回数券を持っている人に分けてもらったりして、たいてい何とか手に入るようだ。「検札が来たら言葉がわからないふりをしていればだいじょうぶ」と豪語して、こちらに住んでいた数年間、ついに一度も切符を買わなかった日本人がいたが、もうそんな手も通用しなくなっている。検札係はそんなに甘くはないのだ。第一、たかが無賃乗車といっても、へたをすれば裁判ざたということにもなりかねない。みっともないじゃないですか。ほとんどのイタリア人だってきちんと切符を

買って乗っているんだから。自動改札機でガッチャンとやっていない人がいるじゃないか、と言われるかもしれないが、そういう人は定期を持っているんです。

最後になったが、サンタ・マリア・ノヴェッラ広場のことを少し書いておこう。フィレンツェでも指折りの美しいファサードの教会を背景に、芝生の植わったきれいな広場なのだが、残念なことに最近は夜になると麻薬の売人などがたむろするフィレンツェで最も危険な広場になってしまった。それから、前からここはフィレンツェでお屋敷の使用人として働くフィリピン人たちが週に一度の休日に集まる場所だったが、今ではアフリカや中近東から来た人たちのたまり場にもなっている。だから、広場にはイタリア人よりも外国人の姿が目立ち、異様な感じがする。ここでは自分も彼らと同じ外国人の一人だということをつい忘れてしまうのだ。反省……。

ぼくはこの広場に友だちがいる。ルチアーノといってバールの主人である。彼は以前ピッティ宮殿の近くのトスカネッラ通りで「カッフェ・デリ・アルティジャーニ（職人たちのカッフェ）」という店をやっていた。そのころぼくもその通りに住んでいて、新聞を買った帰りに立ち寄ってコーヒーを飲むというのが、一日も欠かすことのない朝の日課になっていたのだ。あるとき一カ月ほど日本に帰っていて久しぶりに顔を出すと、ルチアーノに

「いったいどこに消えていたんだ。心配したぞ」と言われた。ぼくはうれしくな

広場に面したバールの主人ルチアーノ。喧嘩早いが気のいい奴。

って、

「日本に行っていたんだけれど、ここのコーヒーが飲めないのがいちばん辛かった」と少しおおげさに言ってしまったが、単なるお世辞ではない。ルチアーノのコーヒーはほんとうにおいしいのだから。

ルチアーノがその店を人に譲ってサンタ・マリア・ノヴェッラ広場に移ってからも、ぼくは近くへ行く機会があると必ず顔を出すことにしている。何も言わなくても彼は前と同じようにデミタスカップに半分も入っていない濃いコーヒー、「カッフェ・バッソ（低いコーヒー）」をスプーンを添えずに出してくれる。

数年前、彼は店に来たモロッコ人を殴ってケガをさせたと訴えられた。ちょうどフィレンツェでは黒人や中国人に対する人種差別的な暴力事件が頻繁に起きていたときだったから、ルチアーノも人種差別主義者のレッテルを張られ、新聞やテレビでさんざん攻撃された。喧嘩早いのは事実だが気のいい人物だから、ぼくは何かのまちがいだろうと思っていたが、店で客に麻薬を売ろうとしていたのをルチアーノが見つけて追い払おうとしたのだということがわかり、無罪になった。広場へ行ったらぜひ寄ってみてください。広場に二つある中華料理屋のうちの片方の隣で、レジに小さな招き猫がおいてあるからすぐわかると思う。

＊一方通行の方向がしょっちゅう変わるのと同じように、バス路線もひんぱんに変更される。だからこの本が出るころにはコースや番号が変わっているかもしれない。

サン・ロレンツォ

胃袋と買い物袋

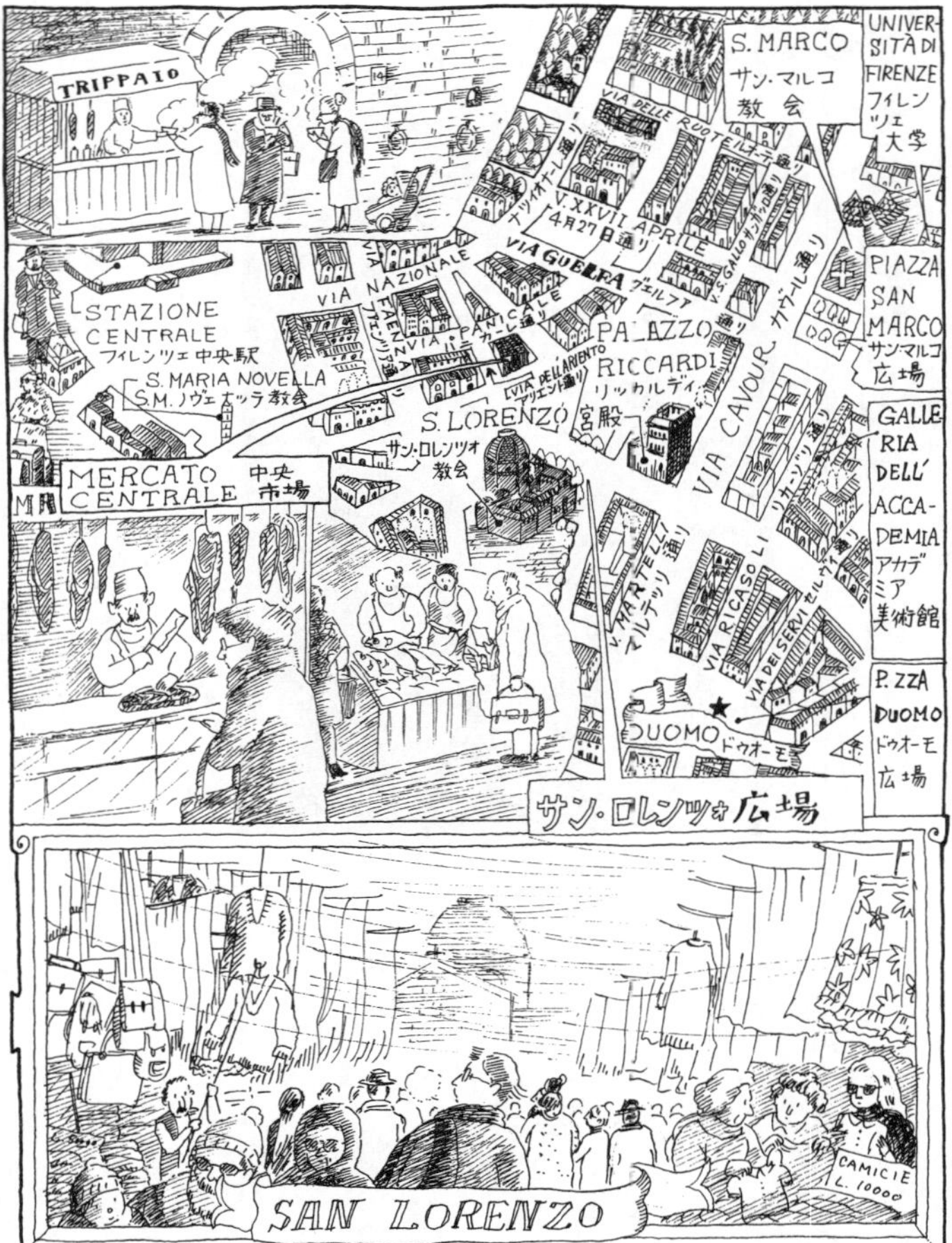
TRIPPAIO
S. MARCO
サン・マルコ
教会
UNIVERSITÀ DI FIRENZE
フィレンツェ大学
VIA DELLE RUOTE
ルオーテ通り
ナツィオナーレ通り
V. XXVII APRILE
4月27日通り
V. S. GALLO
サンガッロ通り
カヴール通り
VIA GUELFA
グエルファ通り
VIA NAZIONALE
VIA FAENZA
ファエンツァ通り
VIA PANICALE
パニカーレ通り
PIAZZA SAN MARCO
サン・マルコ広場
STAZIONE CENTRALE
フィレンツェ中央駅
S. MARIA NOVELLA
S.M.ノヴェッラ教会
PALAZZO RICCARDI
リッカルディ宮殿
VIA DELL'ARIENTO
アリエント通り
S. LORENZO
サン・ロレンツォ教会
VIA CAVOUR
GALLERIA DELL' ACCADEMIA
アカデミア美術館
リカーゾリ通り
MERCATO CENTRALE
中央市場
V. MARTELLI
マルテッリ通り
VIA RICASOLI
VIA DEI SERVI
セルヴィ通り
P. ZZA DUOMO
ドゥオーモ広場
DUOMO
ドゥオーモ
サン・ロレンツォ広場
CAMICIE
L. 10000
SAN LORENZO

サン・ジョヴァンニ洗礼堂を背にして、交通量の多いチェッレターニ通りを渡ることにしよう。カーブして先が見渡せない細い道に入る。メインストリートとは思えないような目立たない通りだ。だが信号を渡る人々の足並みはまっすぐその道へ向かい、そこからもあふれるように人が出てくる。この人たちはメディチ家の菩提寺として有名なサン・ロレンツォ教会、いやむしろそのまわりの広場や通りに軒を連ねる露店での買い物をお目当てにしているのである。

もちろん、一般のお店もなかなか魅力的だ。何といっても安い。洋服、靴、家庭用品などの品揃えも豊富だ。このあたりはフィレンツェでも最も古くから商業地区として栄えていた。高級ブランドの老舗は一軒もないが、よい買い物をしてやろうと意気込む庶民の熱気が伝わってくるような通り、それがボルゴ・サン・ロレンツォである。

ボルゴを通り抜けてサン・ロレンツォ広場に差しかかるころから、道の両端に露店が並びだす。その眺めは壮観である。ベルト、皮ジャン、バッグ、手袋といったフィレンツェ特産の革製品、セーター（モヘア、アンゴラなどの高級品もあると書いてあるけれど、ほんとうだろうか?）、Tシャツなどの衣類、花模様の文房具、

サン・ロレンツォ教会周辺にはたくさんの露店が並んでいる。

カレンダー、絵ハガキ、置物……。ところで屋台の裏には一般の商店があるのだが、通りを歩いていてもほとんど見えない。商売になるのかと余計な心配をしてしまうほどだが、ちゃんと営業している。そこがこの地区の懐の深いところだろう。

サン・ロレンツォ界隈の露店の起こりは古く、一七〇〇年代にさかのぼる。安い衣料品を仕入れた商人たちが、建物の外壁に衣紋《えもん》掛《か》けをつるして商売を始めた。そのころの上得意客は主に近郊から買い出しに来た農民たちで、彼らは気に入った品物を見つけると、広場の小石を投げて買う意志を表したのだそうだ。当時のサン・ロレンツォ広場はまだ石畳で舗装されてはいなかったのである。そんなわけで、フィレンツェでは安くてあまり趣味のよくない衣類のことを「石ころで買った洋服」と呼んでいた。

このように庶民的で愛すべき土地柄を反映してか、フィレンツェで最も古く有名な教会の一つであるサン・ロレンツォ教会は、何度も改装されるチャンスがあったのに、ついにファサード（正面）は完成されず、レンガ積みの荒々しい土壁をさらけだしたままである。ドゥオーモの設計者ブルネッレスキがメディチ家の依頼により、十五世紀にそれまでのロマネスク様式の内部を現在のルネッサンス様式に全面改装した。だが、メディチ家の繁栄を妬んだ教区民たちが着工の儀式の最中に暴動を起こして大混乱となる。そのため、工事を妨害した者は死刑に処するという厳しいお触れを出さなければならなかったということだ。ブルネッレスキの死後、マネ

粗石積みのサン・ロレンツォ教会のファサード。

ッティ親子を経て、ついに偉大なるミケランジェロに設計が委ねられる。その数十年の間にメディチ家の当主たちは次々と世を去り、遺体はすべてこの寺院に葬られた。かつてライバルたちが恐れていたとおり、サン・ロレンツォはもはや完全にメディチの権力の掌中に入っていたのである。

さて、ミケランジェロの設計した新聖具室、ラウレンツィアーナ図書館のすばらしさはいうまでもないが、実は彼はファサードの簡単なスケッチと小さな模型も残している。さまざまな事情によりついに陽の目をみることのなかったこの草案を基に、ミケランジェロ生誕百年に際し、ファサードを完成させようという声が上がったが、それも結局実現されなかった。誰もこの天才のイマジネーションを解釈できる自信がなかったのだろう。しかし私が思うに、この寺院のファサードは今の素朴な状態がいちばんいい。もしサンタ・マリア・ノヴェッラやサンタ・クローチェのように色とりどりの大理石で飾られていたとしたら、このカラフルな露店の群れは、広場の美観を損なうという理由で立ち退きになっていたのではないだろうか。

さて、話題を露店に戻すことにしよう。屋台の列は中央市場のあるアリエント通りまでさらに続き、道が狭くなるので混雑度もいっそう増してくる。客寄せの声もますます大きく響く。北アフリカや中近東のスーク（市場）を思い出させるようなにぎわいだ。そういえば物売りの顔にもアラブ系がけっこう多い。さっきまでトルナブオーニ通りで優雅にウィンドーショッピングをしていた観光客は、この界隈で

教会前の衣料品店。外壁に商品をつるすのは昔ながらのやり方。

急に異国に紛れ込んだような錯覚を起こすかもしれないが、ご注意！　エキゾチズムに浸っている間にバッグの口がぽっかり空いている恐れあり。そう、このあたりはスリが多いのでも有名なのだ。ここに限らず、人の大勢集まるところとスリは切っても切れない関係にある。商売になる場所では物売りだけが潤っているのではないのである。

冗談はさておき、やはりフィレンツェに来たからには、このような露店でのショッピングを楽しみたいものだ。ただ、いくら異国的情緒が漂っているとはいえ、ここはイタリア、言い値の半額まで負けさせようというのはちょっと無理である。だいたい表示してある価格がすでにじゅうぶん安い。問題は値切るよりも、品質を見分けることだ。

そういう点ではやはり革製品の買い物が一番スリリングだろう。ほかの物に比べると値段は張るが、うまい買い物をすれば一生ものだ。ある筋によると、

「ミラノでウィンドーショッピングをしてフィレンツェで買え」

というのだそうだ。つまり、イタリアン・モードの中心はやはりミラノだから、革を使ったジャケット、スカートのデザインは毎年ミラノで新しくなるのだが、なにぶん生産数が少なく値段も高い。そこに目をつけたのがフィレンツェの革業者で、ミラノの新製品をさりげなくコピーして低価格で大量生産するのである。おしゃれなミラネーゼ（ミラノ人）はこの法則に従い、わざわざフィレンツェのサン・ロレ

皮革製品の屋台。値段が安いことは受け合い。品質の方は…。

ンツォまで買い物に来るそうな。ひょっとして屋台の軒先につるしてあるちょっと変わった色の革ジャンも、実は今年の最新モードなのかもしれない。センスに自信のある方はぜひお試しあれ。

といっても、夏にフィレンツェに来た人にとっては、うだるような暑さの中で革ジャンなんてとても真剣に買う気にはならないだろう。かさばらないおみやげとしてはベルト、手袋がお勧めだ。特に手袋は色もきれいだし、革は手にすっとなじむし、寒い日にはもう手放せなくなる。リュックサックもいい。イタリアの若い女の子（男の子も）はみんなモトリーノ（原付自転車）やスクーターに乗っているのでリュックは必需品、ビニール製で派手な蛍光色の物のほうが軽くてたくさん入るけれど、おしゃれに使うならやはり革か布製でシックなのを選びたい。

そろそろ歩き疲れてお腹もすいてきた。今日はどこのレストランに行こうか。パニーノ（イタリア風サンドウィッチ）やピッツァの立ち食いも悪くない。でも最近はキッチンつきのレジデンス（アパートとホテルの中間的な宿）に泊まる人も多いし、ひょっとしてフィレンツェ人のように食料を買って自炊しようと思っているのなら、このアリエント通りの中央市場に入ってみよう。

「さあ、今日はメルカート（市場）に行こうか」

フィレンツェ人が言った場合、それはメルカート・チェントラーレ（中央市場）に食料品の買い出しに行く、という意味である。ほかにもメルカートと名のつく場

Tシャツの屋台。カラフルでデザインも楽しい。

所はフィレンツェにはいくつもある。たとえば猪の像で有名なメルカート・ヌオーヴォ、毎週火曜日に開かれるカッシーネの森の市、サント・スピリト広場の朝市、チョンピの骨董市といった大きなものから、市内のいたるところで新鮮な野菜や果物を乗せて売っている小さな屋台まで。しかし、「食べる」というテーマに絞ってみると、やはりこの中央市場で決まりだ。ここへ行けば、食通のフィレンツェ人の味覚と胃袋をじゅうぶん満足させるおいしいものがそろっている、と聞くと、数日間の滞在中の人でも、ちょっと覗いてみたくなるのではないだろうか。

といっても、私がこの中央市場に通い始めたそもそもの理由は、フィレンツェ料理に使えるような珍しい素材を探すためではなかった。フィレンツェ在住の日本人仲間からの口コミで、

曰く「メルカートには刺し身にできるようなおいしいマグロがある」

曰く「うちの奥さんはメルカートでサザエを買ってきた」

といった主に魚介類専門の情報に心を引かれたというのがほんとうのところだ。

フィレンツェ料理についてはあとで少し触れることにするが、海に囲まれた国イタリアといっても、地方によって異なる伝統料理を好む風習、輸送手段の未発達など、さまざまな問題があったため、内陸部の町では最近まであまり魚を食べる習慣がなかった。したがってフィレンツェの町には魚屋は少ない。肉屋、鳥屋、臓物屋がそれぞれ何軒も同じ地区に共存している中、魚屋だけはたった一軒でがんばって

いる。

わが家の近所にある魚屋のエニオさんもそうだ。平均的フィレンツェ人は一週間に一回も魚を買わないので、ちょくちょく顔を出す私は彼のいいお得意さんになっている。このエニオさん、なかなか正直者で、自分が見て（匂いをかいで？）ピンと来なかった魚は絶対に仕入れないんだそうだ。

「俺はいい魚を見ると、レオナルド・ダ・ヴィンチがモナリザのモデルを見たときのようにインスピレーションがむくむくと湧いてくるのさ。何てったってフィレンツェ人はみんなアーティストだからね」

そのせいか、彼の店に入る魚はとても種類が少ない。必ずあるのはイカで、スミイカ、ヤリイカなど何種類もそろうことがある。その他には比較的長く新鮮さが保てるタコ、エビ、貝類、舌ビラメ、マス、タイ、スズキ、それにパロンボというサメの仲間が常連だ。もっとサバ、アジなどの青い魚を入れてほしいと思うが、フィレンツェに届いたときにすでに悪くなっているのであまり勧められないという。しかし店に並べられた魚は、彼のお眼鏡にかなっただけに鮮度が高く、味もなかなかのものだ。ノルウェーから来る生鮭も日本ではちょっとないくらいトロリとして美味だ。ボンゴレ（アサリ）も粒が大きく、スパゲッティに入れると絶品。でも、もしメルカートに行けばもっと食卓のバラエティーが増えるというのなら、何はともあれ行ってみようではないか！

世紀末建築の中央市場。他の地方や外国の食材も見つかる「フィレンツェの胃袋」。

ところで、不思議なことだが、メルカートの建物はかなり大きいのにほとんど外からは見えない。なぜなら、このアリエント通りは狭い上にいつも屋台がギッシリ並んでいるので、建物を見たくても物理的に無理なのだ。屋台と屋台の間にわずかに空いた透き間に入ると、突然そこにメルカートの入り口が現れる（なお、出入り口は建物の四方にある）。

中央市場の歴史は比較的新しい。以前はまさに市の中心、現在のレプッブリカ広場のあたりに青空市場があった。しかし、レプッブリカ広場のところで書いたように、この市場は取り壊され、サンタンブロージョ（サンタ・クローチェ教会の裏手）、サン・フレディアーノ（アルノ川の南側、今はない）、そしてこのサン・ロレンツォの三カ所に分割して移されたのである。建物の設計を任されたのは新進気鋭の建築家、ジュゼッペ・メンゴーニ。彼はミラノのドゥオーモとスカラ座を結ぶショッピング・アーケード、ヴィットリオ・エマヌエーレ二世のガレリアを設計したばかりだった。

フィレンツェよりもさらに徹底した都市計画が実施されたミラノは、古い町の跡を一掃し、モダンでエレガントな大都市に変わりつつあった。そこに現れたガラス張りの円天井が美しいガレリアは、まさにミラノの目指していたイメージにぴったりだったといえよう。しかし、年子の兄弟ともいえるこの二つの建造物、一方のガレリアはファッション雑誌のグラビアをしょっちゅう飾っているのに、フィレンツェの中央市場は記念写真を撮りにくる人すらいない（前に言ったように、だいたいがよく見えないのだが）。これではメルカートがあまりにもかわいそうではないか。

一八六六年、パリの中央市場（現在フォーロム・デ・アールのある場所）に突如鉄骨にガラスを張ったパビリオンが十棟も現れた（ロンドンのヴィクトリア駅など当時の建築物にはどれも鉄骨が使われ、一種のブームを呼んでいた）。これに大いに刺激されたメンゴーニは、フィレンツェの中央市場にも同じ素材を使おうと決めた。そうして完成した新メルカートは高さ三〇メートルにもおよぶ巨大な空間を持ち、上部にはガラスと木材をふんだんに用いて採光、通気といった機能性の問題をクリアーしている。同時にデザイン面でも、細部の植物模様に見られるように、アール・ヌーヴォーの先駆けともいえる斬新なものだった。

しかし、メンゴーニにとって不幸だったのは、ミラノやパリとは違ってフィレンツェの町並みがあまりにも昔のままだったことだ。ブルネッレスキの様式も研究したという彼の努力も報われず、新建築は「馬鹿でかいローマ浴場」と一斉に非難を浴びることとなる。その後もこのメルカートの美観については エッフェル塔のように名誉回復されることはなかった。ただし機能的な面では別で、いく度も改造を重ね、今やフィレンツェ市民の台所、いや胃袋ともいうべき大切な場所として親しまれている。

メルカートの中は広い。一階は肉、魚、加工食品、パンなどの店舗が約百軒、二

中央市場内の食料品店。サラミ、チーズ類が充実している。

階は六十六軒の八百屋と二軒の花屋が入っている。ただし建物に二階が設けられ、八百屋がこの中に進出してきたのはほんの十数年前のことだ。それ以前にはメルカート前の広場に青空市場があり、野菜類はそこで売られていたそうだ。

詳しい解説書によると、この一階の通路にはすべて道の名前がついている。つまりこの中もひとつの町というわけだ。たとえば、まん中のいわば目抜き通りがフィレンツェ通りとフィエーゾレ通りというふうに。ただ、その名称が知られているかどうかというと、それは謎である。

とにかく、あまりに同じような店が多いので、いったいどこで買い物をしてよいのか見当がつかない。だが見て回るだけでもおもしろい。狩猟解禁期には、数店の肉屋に獲りたての猪、鹿、野兎、雉、ホロホロ鳥などの獣禽類が並ぶが、これは日本ではあまり見られない珍しい光景だ。

キョロキョロしながら歩いていると突然、まだ生きているような野兎に「チャオ！」と声をかけられてびっくりする。肉屋さんのご愛嬌だが、ピーターラビットの人形芝居を見ているようで、日本人の女の子なら反射的に「カッワイーー！」と言ってしまいそう。だが料理用に皮をはがれたウサギの姿はあまりかわいいものではない。ちなみに野兎料理といえば、有名なのが「パッパルデッレ・アッラ・レプレ」（舌を嚙みそうな名前だ）、きしめんの幅を何倍も広くしたようなパスタをパッパルデッレと呼ぶが、なぜかそれに使うミートソースにはこのレプレ（野兎）の背肉がよく合うのである(イタリアには実にたくさんのパスタがあり、太さや長さによって合わせるソースも違ってくるので、いろいろ研究するとおもしろい)。

それ以外の野兎料理はほとんど食べたことがないのだが、伝統的フィレンツェ料理の本にはちょっと変わったレシピが載っているので参考に挙げてみよう。その名も「野兎の甘酢あえ」。薄味で煮た肉の上に甘酢をかける簡単な料理だが、強烈なのはソースの中身。干しブドウ、チョコレート、松の実、オレンジとレモンの砂糖漬け、砂糖、赤ワインビネガーで作る。何だか考えただけで虫歯になりそうだ。このソースは猪の肉にも合うそうで、くせの強い獣肉を食べやすくするために工夫をこらした先人の苦労が偲ばれる。

さて、隣の店のガラスケースには見慣れない奇妙な代物が……。ここは臓物専門店なのだ。赤くてブヨブヨした塊は子牛の腎臓(ロニョーネ)、分厚いゴムのようで、繊毛のついているグロテスクな白い皮は牛の胃袋(トリッパ)、魚の白子のように柔らかそうな塊は子牛の脳みそ(チェルヴェッロ)、それにわれわれ日本人にもおなじみのチョコレート色のレバー(フェーガト)というふうに、フィレンツェ人はほんとうに内臓料理をよく食べる。人間だけでなく動物もだ。われわれのアパートの階下に一人で住んでいるアルベルトは七十をとっくに過ぎているが、彼はいまでも元気に働いていて、昼休みには臓物入りのビニール袋を下げて家に帰る。これが裏庭を徘徊している野良猫たちの昼ご飯になるわけだ。もちろん毎日というわ

中央市場内の八百屋〝レオ〟。トマト専門店かと思うほどトマトの量が多い。上は煮こみ用、下はサラダ用。

けではないが、彼は料理が上手で、できあがった餌の皿を上から見ていると、猫でなくともちょっとご賞味させていただきたくなるほどだ。

ところで、日本でも「もつ鍋」なる料理が流行したらしいが、それも不景気という時流に乗った一時的現象で、ほんとうのところは臓物料理を毛嫌いしている人は多いだろう。たとえば牛のレバーなども、「レバーは臭い」という観念があり、料理をする際にも「長時間水につけて血抜きをせよ」とか、「香辛料をたくさん混ぜたタレにしっかりつけよ」と教えられるのだが、これでは健康のために子供のいやがるものをむりやり食べさせる作戦のようで、かえって食欲が失せる。

イタリアのレバーはちょっと違う。母乳しか口に入れたことのない子牛の肝臓なので、まだ臭みがついていない。成牛だけでなく子牛肉の需要も多いため、腎臓や肝臓も柔らかく、くせのないものが食べられるというわけだ。イタリアでは薄切りのタマネギと一緒にレバーをいためる「フェーガト・アッラ・ヴェネツィアーナ（ヴェネツィア風レバー）」が有名だが、フィレンツェ風はもっとシンプルだ。ニンニクとセージ（サルヴィア）の葉を乗せたフライパンで、薄切りのレバーを軽くいためる。中まで火を通すとレバーが固くなっておいしくないので、表面の色が変わったらすぐ火を止める。あっさりしているので、普通の肉料理が食べられないようなときにはお勧めの一品だ。

臓物料理といえば、フィレンツェに来たからにはこれを食べずには帰れない、という名物がある。それが臓物屋のガラスケースの中でも一段とグロテスクな形相を見せているトリッパだ。これは、四つある牛の胃袋のうち、第一、第二胃で、第四胃はランプレドットと呼ばれ、ゆでてパニーノにはさんだり、サルサ・ヴェルデ（グリーンソース）をかけて食べる。こちらのほうが脂肪分が多く味にこくがあるので「通」のフィレンツエ人にはよりおいしいとされている。ちなみに第三胃はあまり美味ではないらしく、フィレンツェでは犬の餌にしかならないということだ。

トリッパの最も一般的な調理法としては、茹でて細切りにしたものを香草やトマトと一緒に煮込む「トリッパ・アッラ・フィオレンティーナ（フィレンツェ風トリッパ）」があり、たいていのレストランで食べられる。臓物屋で売っている材料はすでに洗って下茹でしてあるので、家庭でも簡単に作れる。味はとてもまろやかで、舌の先でとろけそう。臓物といわれなければ、イカの仲間でも食べているような気がするほどだ。

だが、レストランでトリッパを食べたくらいでは、フィレンツェ人の日常生活に入り込んだことにはならない。となると、やはり地元っ子ご用達のトリッパイオ（臓物料理専門の屋台）へ行かなくては。屋台といっても、座って一杯ひっかけるあれではなく、道端のスタンドで調理されたパニーノや煮込みを、お客は立ったままで食べることになっている。イタリア人はいつもバールで立ち飲みをしているから、立ち食いも平気なのだ。お昼どきになると近所の人や仕事途中のビジネスマン

中央市場内の肉屋。肉はすべて塊のまま陳列されている。

でいつも込み合っている。先祖代々トリッパイオの家系で、この道三十六年というベテランのヴァスコさん。

「観光客の中で一番よく来るのはドイツ人だな。最初はなんだか怪訝《けげん》そうな顔で注文してるけど、一度食べたら必ず戻ってくるよ。日本人？　ほとんど見ないねえ」

このトリッパイオ、フィレンツェの伝統産業といってもいいユニークな食べ物屋で、現在は市内に約四十軒残っている。フィレンツェという町はいわゆるファスト・フードの店が非常に少ないところだが、それはこのトリッパイオを保護するためという説がある。それくらい市民には親しまれているのだ。

余談だが、一九九三年にファスト・フードの最大チェーン、マクドナルドのフィレンツェ出店計画がようやく市に認可された。ところがそれには条件があり、パニーノと競合する食べ物、つまりハンバーガーの販売は禁止されている。ハンバーガーのないマクドナルドなんて……、といったところだが、マクドナルドはこの条件を飲んだ。ハンバーガー抜きでほんとうに開店したらおもしろいのだが、今のところオープンする気配はない。おそらくこれを第一段階に、いずれはハンバーガーも、という計算なのだろう。

すっかり話がメルカートからそれてしまった。というのも、結局のところ私はあまりメルカートで買い物をする必要がないのである。私が今住んでいるサン・フレディアーノ地区は町全体が市場といっていいほど食料品店が充実していて（実際、今世紀初めまでは大きなメルカートがあった）、肉も野菜も魚も家の近くでいいものが手に入るからだ。値段もメルカートとたいして変わらない。メルカートには同じような店が多くてどこで買えばいいか迷ってしまうし、腐りかけた品物が交じっていたという話も聞いたことがある。

いつもメルカートを利用しているフィレンツェ育ちの友人にたずねてみた。

「店の数が多いということはその中からよい店が選べるということ。でも最初はわからないでしょうから、お客が大勢いる店で買えばまずまちがいないわね」

確かに、隣がガラガラなのにいつも順番待ちの長い列ができている店もある。

「それから、メルカートでなければ買えないものもあるのよ。たとえばナポリのほうでしか取れない野菜とか。イタリア人は食生活に関して保守的で、どこに住んでいても生まれたところの料理でなければだめだなんていう人も多いけれど、そんな人たちの要望にもここでは応えているというわけ。もともと限られた地方でしか食べていなかったもので、こんなふうにして今ではイタリア中で手に入るようになった材料もけっこうあるのよ」

二階には中華料理店に卸す八百屋もあり、季節になると大根、蕪、白菜、ショウガなどが並ぶ。そういえば、メルカートには外国人の姿が多い。フィレンツェに住む日本人が刺し身にできる魚を求めてやって来るように、他国の人たちも懐かしい

サン・ロレンツォ界隈にある食料品店。ハム・サラミが自慢なので入り口にブタのはく製を飾っている。

故国の料理を作る材料を買いに来ているのだろうか。伝統的な料理に頑固にこだわり続けているように見えるフィレンツェ人の食生活にも、少しずつ国際的な広がりが出てきているようだ。

サン・マルコ

アカデミックな学生の街

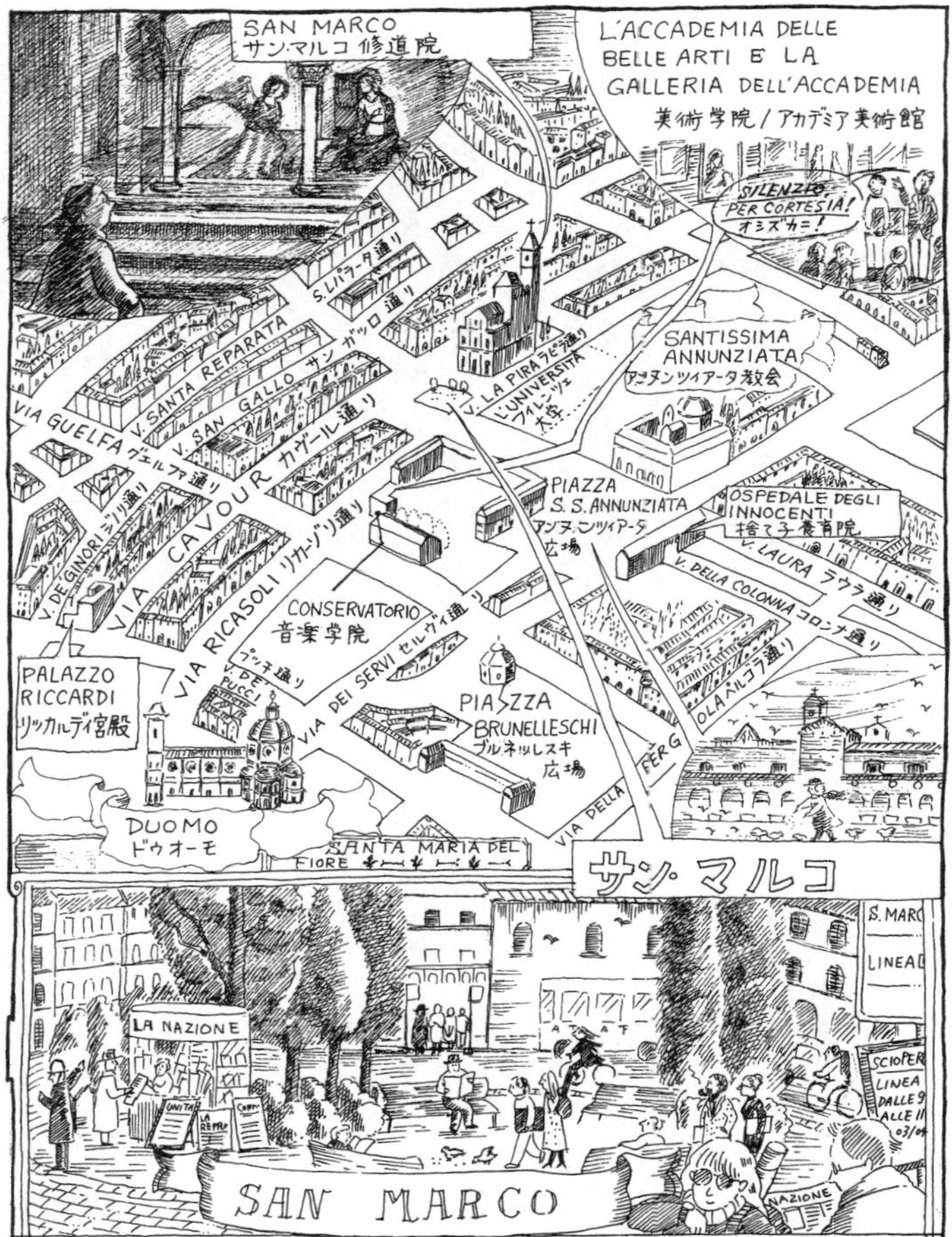
SAN MARCO
サン・マルコ修道院
L'ACCADEMIA DELLE
BELLE ARTI E LA
GALLERIA DELL'ACCADEMIA
美術学院／アカデミア美術館
SILENZIO PER CORTESIA!
オシズカニ！
S.レパラータ通り
サン ガッロ通り
V. LA PIRA ラピラ通り
L'UNIVERSITÀ
フィレンツェ大学
SANTISSIMA
ANNUNZIATA
アンヌンツィアータ教会
VIA GUELFA グェルファ通り
V. SANTA REPARATA
V. SAN GALLO
VIA CAVOUR カヴール通り
V. DE GINORI ジノリ通り
VIA RICASOLI リカーゾリ通り
PIAZZA
S.S. ANNUNZIATA
アンヌンツィアータ
広場
OSPEDALE DEGLI
INNOCENTI
捨て子養育院
V. LAURA ラウラ通り
V. DELLA COLONNA コロンナ通り
CONSERVATORIO
音楽学院
VIA DEI SERVI セルヴィ通り
V. DE PUCCI
プッチ通り
PALAZZO
RICCARDI
リッカルディ宮殿
PIAZZA
BRUNELLESCHI
ブルネッレスキ
広場
VIA DELLA
PER G
OLA ペルゴラ通り
DUOMO
ドゥオーモ
SANTA MARIA DEL
FIORE
サン・マルコ
S. MARC
LINEA
LA NAZIONE
UNITÀ
SCIOPERO
LINEA
DALLE 9
ALLE 11
03/04
NAZIONE
SAN MARCO

ドメニコ会の敬虔な修道僧だったフラ・アンジェリコは、自分が属していたサン・マルコ修道院の僧坊の小さな寝室一つ一つの壁に、美しく信仰心にあふれたフレスコ画を描いた。有名な『受胎告知』はその廊下にあるが、二階へ上る階段の踊り場を曲がって正面にはじめてその絵を見上げたときの感動は今でも忘れられない。フラ・アンジェリコの壁画のまわりにはいつも静寂な澄み切った空気が漂っている。

といっても、人里離れた田舎の修道院の話ではない。ここはフィレンツェのどまん中である。教会前のサン・マルコ広場は町の中心部から東と北の郊外へ向かうバスの路線がいくつも通っているから、オレンジ色の大きなバスがひっきりなしに行き来しているし、客待ちのタクシーが列をなしている。自動車の間をすり抜けるようにオートバイやスクーターがけたたましい音を立てて走り、いつもにぎやか、というよりは騒々しいほどである。教会前と広場の反対側二カ所にあるバス停でバスを待つ人、スクーターの駐車場や開廊で友達同士で立ち話をする人……。そういえば、サン・マルコ美術館とアカデミア美術館へ向かう観光客に交じって、この広場では若い人の姿がとても目につく。それもそのはず、ここにはフィレンツェ大学と美術アカデミーがあり、規模はずっと小さいが、フィレンツェの御茶ノ水かカルチエ・ラタンといったところなのだ。

アカデミア美術館といえば、ミケランジェロの『ダヴィデ』が有名だが、この「アカデミア」という名はアカデミア・デッレ・ベッレ・アルティ（美術学院）に由来し、もともとは一七八四年に美術学院の学生の勉強用にウッフィーツィ美術館やピッティ宮殿から絵画を移して作られたものである。学院自身の歴史はさらに古く、一五六二年に創立され、初代の校長はウッフィーツィ美術館や「ヴァザーリの廊下」を設計した建築家であり、ヴェッキオ宮殿五百人広間の壁画を描いたメディチの宮廷画家であり、現在では『芸術家列伝』の作者として特に知られているジョルジョ・ヴァザーリだった。サン・マルコ広場に面しているのはその学院のほうで、壁は落書きだらけ、開廊には美術の学生だと一目でわかる若者たちがいつもたむろしている。それでも、アカデミアという文字を見て美術館とまちがえるあわて者もいるらしい。入り口には「ダヴィデはお隣」という張り紙がある。

ちなみに『ダヴィデ』は一八七三年にシニョリーア広場からアカデミア美術館に移されている。約二十トンの巨体はわずかな距離を七日間かかって運ばれた。アカデミアに入ったのは八月五日というから夏の盛り、うだるような暑さにもかかわらず、歴史的な瞬間を見に大勢の人がつめかけ、スリが大活躍したという記録が残っている。

フィレンツェ大学の建物はアカデミアと通りを隔てて並んでいる。だが、緑のキャンパスを想像しても、そんなものはどこにも見当たらない。さっきも書いたようにここはフィレンツェの中心部、数百年前の建物が立ち並ぶ市街地なのだ。サン・マルコ広場にあるのは、正確に言えば大学本部の建物だけで、各学部は広場の周辺などの市内と郊外のあちこちに散らばっている。たとえば、文学部と建築学部はサン・マルコから五分ほど東へ行ったブルネッレスキ広場というところにあるし、教育学部は広場の西のサン・ガッロ通りとサンタ・トリニタ広場に近いパリオーネ通りに分かれている。また、法学部、工学部などはサン・マルコの東隣、サンティッシマ・アンヌンツィアータ広場の近く、政治学部はアルノ川沿い、農学部はカシーネの森、医学部は医療センターのあるカレッジといった具合である。

昔のことで、もうほとんど忘れてしまったくらいだが、ぼくがそもそもフィレンツェに来たのは留学が目的だった。イタリアの大学は基本的に定員がなく、高校卒業の国家試験「マトゥリタ」に合格すれば希望の大学、学部へ進学できる(もっとも、フィレンツェ大学では希望者が多くて教室や教授などの数が足りない建築学部、医学部などには定員が設けられている)。だが、外国人学生の受け入れ数は決まっていて、ぼくは教育学部の入学試験を受けた。試験といっても日本の大学入試とは大違いで、筆記試験はなく、口述試験だけ、イタリア語の能力を試す程度のものだった。定員は十名、受験生は多分二十人前後だったと思う。ぼく以外はみんなヨーロッパからの学生だったから、もちろんイタリア語はペラペラ。試験問題は三題あ

美術学院(アカデミア)前にたむろする若者たち。モディリアニもパリに行く前ここで学んだ。

ったが、試験日の一週間ほど前、サン・マルコ広場の大学本部の中にある外国人学生専用の窓口へ願書が届いているか確認に行ったときに事務の人が教えてくれた。
一、一人の作家または一つの作品を選んで論ぜよ。
二、母国で勉強したこと、イタリアで学びたいことを述べよ。
三、渡された短文を読み、試験官の質問に答えよ。
しどろもどろのイタリア語ながら何とか試験が終わり（ちょうどそのころお世話になっていた日本人のお宅で読んだ井上ひさしについてしゃべったのを覚えている）、いよいよ結果の発表となった。試験官は集まった受験生の前で次々に名前と点数を読み上げていく。多分三十点満点で、辛うじて聞き取れたところではぼくは二十一点、ぼくより低い点の人はたしか一人しかいなかった。ということは不合格。がっかりしていると、隣にいた学生が「おめでとう」と言って握手を求めてくるではないか。彼が何度も説明してくれて、名前が呼ばれたのは合格者だけだったということがようやく理解できた。こんなありさまだったのだから、遠い日本からやって来た学生を落としてはかわいそうだと、試験官がお情けで入れてくれたに違いない。

これは十年以上前のことで、今はシステムが変わっているでしょうし、日本人留学生がこんなに増えてはいちいち情けをかけてもくれないでしょうから、これから留学しようという人にはまったく参考になりません。悪しからず。

さて、イタリアの大学の新学期は十一月から始まり、翌年の六月までが一学年ということになっている。実際には授業は十一月半ばに始まって五月半ばには終わってしまうから、半年は夏休みである。それにクリスマスと復活祭の休暇が二週間ずつ加わるのだから、実質的には五カ月しか授業がないことになる（ただし、六月と十月は試験期間）。こんなことを書くと、イタリアの大学生は遊んでばかりで全然勉強しないように思われるかもしれないが、それはとんでもない誤解というものだ。こちらの学生は、ぼくの知っている限りでは、みんな日本の大学生とは比べものにならないほどよく勉強している。それだけ勉強しても四年で卒業するのはごくわずか、十年近くかかる人もいるし、途中でやめてしまう人も多い。かく申すぼくも中退組である。入るは難く出るは易し、という日本の大学と違い、入ってからがとても厳しいのだ。

まず試験が難しい。教授の指定する専門書を何冊も読み、どの部分のどんなことをたずねられても答えられるように満遍なく勉強しておかなければならない。ほとんどの試験が口述だから、教授は学生ごとに違った質問をする。だから、ペーパー・テストのようにヤマをかけることは不可能だし、カンニングもできない。すべての単位をクリアーすると、最後の難関、卒業論文の作成が待ち受けている。多くの学生が卒論だけのために一年以上かけている。卒論審査というのがまた大変で、指導教官のほか、テーマに関連のある分野を専門とする数人の教授陣によって構成される委員会が作られ、学生はその前で厳しい質問に答えなければならない。卒論は百十点満点で、特に優れた論文にはローデ（おほめの言葉）というのがプラスされる。ただでさえ大学卒業生の称号である「ドットーレ（ドクターに当たるイタリア語だが、博士課程修了ではない）」はとても貴重で、名刺や電話番号帳にまでわざわざ名前の前に「ドットーレ」と書く人がいるほどだから、「チェントディエーチ・エ・ローデ（百十点プラス・ローデ）で卒業しました」というのはこの上なく名誉なことなのである。

さて、こうして大学を卒業できたからといって、仕事が見つかるとは限らない。というより、すぐに就職できるのはよほど強力なコネの持ち主、そうでなければずば抜けて優秀か運がいいかのどちらかだろう。イタリアは失業率が高く、若い人の就職難は特に深刻なのだ。日本だったら、会社訪問解禁、就職試験、内定、正式採用決定などが、毎年それぞれ何月何日というふうに、きちんとカレンダーができていて、学生はそれに従って就職活動をすればいいのだろうけれど、こちらにはそんな便利なシステムはない。大学にも就職課などなく、就職斡旋などしてくれない。第一、学生は卒論の準備で精一杯、とても就職活動をしている余裕はないだろう。それに、こちらでは卒論が通ったときが卒業だから、日本の大学のように三月に卒業式で卒業証書をもらって一斉に卒業、四月から一斉に就職、というわけにもいかない。一人一人ばらばらに卒業し、同時に失業者が一人誕生することになる。

ぼくの友人の何人かは大学は出たけれど職がなく、アルバイトで暮らしている。地理学科で河川学を専攻し、アルノ川の汚染状況を卒業研究で調査したアンドレアは、フィレンツェ市とかトスカーナ州の環境局のようなところで働きたいと思っているのだが、卒業から五年以上になるというのに、一度もその方面のポスト募集が行われない。しかたがないから、語学学校で外国人にイタリア語を教えたり、卒業資格試験を控えた高校生の家庭教師をしたりして、募集があるのをじっと待ち続けている。だが、こんなことをしていたら大学時代からつき合っている恋人といつまでたっても結婚できない、と悩みは深刻である。

日本語学科の学生たちも事情は同じようなものだ。日本の文部省の留学生試験に合格して二年間日本の大学へ留学、帰ってきても職がない。ヴェネツィア、ナポリ、ローマ、フィレンツェなど、イタリアには日本語日本文学科を持つ大学がいくつかあるにはあるのだが、研究者のポストは非常に少ない。数年に一度どこかの大学で選抜試験が行われるかどうか、といったところなのだ。ある大学では、オリエンテーションに集まった新入生を前に教授が毎年、

「日本語学科に入ったら、きみたちは死に物狂いで勉強しなければいけませんよ。そして、仕事はまず見つかりません。それでもいいという勇気のある人はどうぞ」

と言うそうだが、この言葉は決してオーバーではない。

大学を卒業するのがいくら名誉なことだといっても、四年間以上必死で勉強して

フィレンツェ郊外の古い館を改造した経営科学専門学校。若者の就職難が深刻なイタリアだが、ここはほぼ全員が就職できるので人気が高い。

就職ができないというのでは、もっと有利な道を選ぶ高校生が増えてくるのも当然だろう。ぼくが日本語を教えている「スクオーラ・シェンツェ・アジエンダーリ（経営科学専門学校、略してSSA）」は創立から十年目という新しい学校だが、年々志願者の数は増える一方である（定員は四十名で入学試験がある）。一年半制のビジネス・スクールで、最初の一年間は教室での授業、残る半年は企業実習、そしてマーケティング専攻の学生は一ヵ月半の海外研修（日本も含まれる）という実践的な教育方針を特徴としている。実習先の企業にそのまま採用される学生も多く、就職率は九十パーセント以上。これは破格の数字だそうだ。

SSAはフィレンツェの東端、ソルガネというところにあり、十三世紀に建てられた砦のような貴族の館が校舎として使われている。古い街道を見下ろす小高い丘の中腹にあり、館の主は旅する人々や荷物の通行税を取り立てていたのだろう。今でこそ立ち並ぶ建物の陰に街道は隠れてしまっているが、当時は何の障害物もなかったのだから、ネズミ一匹たりとも見逃すことはなかったに違いない。すぐ後ろには山が迫り、防御にも絶好の位置である。荒れ果てていたこの建物が修復され、外観はそのままに、内部がコンピュータなどの最新設備を備えた教室に改造されたのである。

フィレンツェ市内はかつてに家を建てたり壊したりすることが禁じられているから、学校などもすべて古い建物を利用している。日本なら学校といえば校門、それ

経営科学専門学校の中庭。夏休み返上で勉強に来た女子学生。

にたとえ猫の額ほどであっても校庭があるのが一般的だが、フィレンツェの町を歩いていても、そんなものにはまったくお目にかからない。だが、注意していると、入り口扉の横に「……小学校」とか「……高等学校」と書かれた石板が張られているごく普通の建物があるのに気づくだろう。平日の昼ころだったら、カラフルなリュックを背負った子供たちがわいわい騒ぎながら出てくるのが見えるはずだ。

大学の建物もそうだ。ぼくが通っていたパリオーネ通りの教育学部は隣のサンタ・トリニタ教会付属の修道院だった建物で、入り口の階段を上ったところは、中央に井戸があって周囲を円柱付き開廊で囲まれた修道院独特の四角い庭になっている。そして、庭を囲んでいる僧坊が校舎として使われている。

ブルネッレスキといえばルネッサンスの代表的建築家、ドゥオーモの大円蓋、サンティッシマ・アンヌンツィアータ広場のオスペダーレ・デリ・インノチェンティ（捨て子養育院）の開廊など、フィレンツェ市内には彼の傑作が数多く残っている。そのブルネッレスキは晩年に八角形の聖堂を設計したが未完成に終わった。サンティッシマ・アンヌンツィアータ広場の少し南にあるその建物は、後に別の建築家の設計で完成されたが、残念ながらブルネッレスキの意図とは違うものになってしまった。通称「ロトンダ（円形建物）」と呼ばれ、現在はフィレンツェ大学の語学センターとして使われている。

ピエトラ・フォルテという茶色い石造りのロトンダは、外からは古ぼけた田舎の

ブルネッレスキ設計の八角形の建物、通称「ロトンダ」。現在はフィレンツェ大学付属語学センター。

小教会ぐらいにしか見えない。一カ所だけある入り口の脇に「フィレンツェ大学付属語学センター」という石板が張ってあるのだが、それを見ても、

「こんなにオンボロの建物を使っているんじゃ、フィレンツェ大学はよっぽどお金がないんだろう。中の設備もさぞかし……」

と思うくらいが関の山である。もっとも、大学にお金がないのは事実らしいが……。ところが、石がはがれてデコボコになっている階段を上ってドアを開けると、これがあのオンボロの建物の中とは信じられないほどの、古さと新しさがミックスした、おおげさに言えば超現実的な空間が目の前に突然出現する。

中央の一段と高くなった天井周囲の壁には、それぞれに紋章が描かれたステンド・グラスが八枚はめられ、八角形の中央ホールに幻想的な光を落としている。ホールを取り囲んで六つ作られている教室（残る二辺の部分は入り口と事務室）の壁は防音ガラスで、薄暗いホールからは、明るい教室内の授業風景がまるでパントマイムのように見える。そして、ピエトラ・セレーナという青灰色の美しい石の円柱が各教室を区切っている。

ここには英語、フランス語、ドイツ語、スペイン語のほか、ギリシア語、中国語、日本語（ぼくはここの講師をしていた）など、マイナーな語学のコースもあり、フィレンツェ大学の学生だけでなく、一般にも公開されている。それに、あまり知られていないが、ここには外国人学生を対象とするイタリア語のコースもあるはずだ

から、ちょっと変わった雰囲気でダンテ以来の正統派イタリア語をマスターしたい方にはお勧めかもしれない。

話は変わるが、フィレンツェの町を歩いていると、淡いクリーム色の壁と鮮やかな緑色の窓の日よけのコントラストが心地よく目に飛び込んでくる。この木製の日よけは「ペルシアーナ（ペルシア風の戸）」と呼ばれていて、建物、あるいは区画ごとに色が統一され、イタリアの住居特有のアクセントになっている。

ペルシアーナがとりわけその威力を発揮するのは暑い夏である。フィレンツェに限ったことではないが、普通の住宅には冷房がない。だったら窓を開け放せばいいじゃないか、と言いたいところだが、そんなことをしたら照りつける太陽の光がもろに部屋に入ってきてやりきれない。そこでガラス窓の外側にあるペルシアーナを閉めると、家の中を涼しく保つことができる。まるで一昔前の日本のすだれみたいだが、いまだに、わが家を含めて、フィレンツェの大部分の家庭では、こうして四十度以上になることもある夏の暑さをしのいでいる。

ところが、ペルシアーナを閉めてしまうとおしゃべり好きなイタリア人にとって困った問題が起きる。道の向こう側やお隣との窓越し会話ができなくなってしまうのだ。そこでペルシアーナの下半分だけ自由に開閉できるような工夫がこらされている……、というのが妻の見解である。実はこの部分には「ジェロジア（嫉妬）」という何やら意味ありげな名がついている。昔の嫉妬深い男性は、美しい奥方が外

ペルシアーナの有効な使い方——洗濯物を干す。

から好奇の視線にさらされたり、言い寄られたりするのを防ぐため、ペルシアーナを一年中閉めさせていた。そして外を見るときは下半分を少しだけ開けることを許したという。こちらの公式見解のほうがロマンティックだが、妻の説のほうが説得力があるような気もする。

前置きはこのぐらいにして、フィレンツェで最も有名なペルシアーナがサン・マルコ広場の隣、サンティッシマ・アンヌンツィアータ広場にある。この広場には美しい開廊を持つオスペダーレ・デリ・インノチェンティ（捨て子養育院）があり、視覚的に調和のとれた安らぎを与える一角となっている。不思議なことに、一三〇〇年代に建てられたある古いパラッツォはいつもペルシアーナが閉められているのだが、最上階のある部屋だけは必ず半開きになっているのだ。この部屋には有名な法律事務所が入っているが、過去にうっかりしてこのジェロジアを閉めたことが何度かあった。すると、夜のうちに机上の書類がめちゃくちゃに荒らされていたという。ポルターガイストに襲撃されたかのように……。

かつてフィレンツェ人は、

「嫉妬深いヴェネツィア女のビアンカ・カッペッロの霊が、あの窓から昼な夜な広場の中央にある騎馬像の大公をじっと監視しているのだ」

と、まことしやかに噂した。だからのぞき窓が閉められたら、怒り狂った店子のビアンカが大家に制裁を与えるのだろうと。

サンティッシマ・アンヌンツィアータ広場の捨て子養育院（ブルネッレスキ設計）。

しかし、そのうち彼らは大きなまちがいに気がつき始めた。あのりりしい騎馬姿を見せている大公は、美しいビアンカを寵愛したメディチ家のフランチェスコ一世ではなく、陰謀でこの二人を毒殺したといわれる弟のフェルディナンド一世だった。

悲劇は一五八七年秋、ポッジョ・ア・カイアーノのメディチ別荘で起こる。フランチェスコの正妻ジョヴァンナの死後、大公妃の位を勝ち得たビアンカだったが、今度は義弟の枢機卿フェルディナンドが公位をねらっているのではないかという危惧が頭から離れない。そこで彼女は一計を案じ、別荘にフェルディナンドを招いて手製の毒入りケーキを食べさせようとする。ところが敵もさるもの、毒探知指輪(ルネッサンス期の隠れたアイデア商品だった)で策略に気づき、すかさず「兄上、どうぞ」と、何も疑っていない大公フランチェスコにケーキを勧めた。

シェイクスピアもまっ青の悲劇的どんでん返しである。フランチェスコがケーキを食べたのを知って絶望したビアンカは、後を追うように自分もケーキの一片を口に押し込んでもがき苦しみ、夫から遅れること十一時間で昇天したという。

というわけで、ふたたびペルシアーナの噂話に戻ると、まちがいに気づいた人たちは、ビアンカが大公像を見つめているのは嫉妬からではなく、恨みからなのであった、という話に訂正した。だが、これではどうして霊が逆上するのか、どうも筋が通らなくなってしまうから、いつしか噂話はすたれてしまったが、このペルシアーナを半開きにする習慣だけはそのまま今も続いている。

サンティッシマ・アンヌンツィアータ広場。大公の騎馬像と、いつも半開きになっているペルシアーナ(最上階右端)。

サンタ・クローチェ

古式サッカーと偉人たち

PIAZZA SIGNORIA
シニョリーア広場
PALAZZO VECCHIO
パラッツォ・ヴェッキオ
SANTA PACE
AMORE
CROCE E DONO
UNIONE
SAN FRANCESCO
サンタ・クローチェとサン・フランシスコ
V. D. LEONI
レオーニ通り
BORGO DEI GRECI
ボルゴ・ディ・グレチ
VIA DEI NERI
ネーリ通り
GLI UFFIZI
ウッフィーツィ美術館
BORGO S. CROCE
ボルゴ・S・クローチェ
SANTA CROCE
サンタ・クローチェ
CORSO DE' TINTORI
コルソ・デ・ティントーリ
VIA DE' BENCI
ベンチ通り
LUNG. G. DIAZ
ルンガルノ・G・ディアス
FIUME
LUNG. D. GRAZIE
ルンガルノ・デッレ・グラツィエ
PONTE ALLE GRAZIE
グラツィエ橋
LUNGARNO TORRIGIANI
ルンガルノ・トッリジャーニ
VIA DEI BARDI
バルディ通り
ARNO
アルノ川
LUNGARNO SERRISTORI
ルンガルノ・セッリストーリ
VIA DE' RENAI
レナイ通り
サンタ・クローチェ
SANTA CROCE
LE JOURNAL FLORENTIN
R. M. RILKE

サンタ・クローチェ教会はサンタ・クロースに捧げられた教会だということを知っていますか？　イタリア語の「チェ」という発音は「ｃｅ」と書きますから、英語なら「ス」と読めるわけです。つまり、「クロース」をイタリア語風に読むと「クローチェ」になるんですよ。サンタ・クローチェ教会のクリスマス・ミサはとても荘厳で、フィレンツェで最も美しいと言われていますが、それも当然なんです。クリスマスはキリスト教世界で最も大切な行事ですから、どの教会でも盛大なミサが行われますが、サンタ・クローチェ教会にとってこの日はそれ以上の意味があるんですから……。

こんな話をある日本人の友人（イタリア法制史の専門家）にしたら、彼はすっかり信じこんでしまった。もちろんサンタ・クローチェはサンタ・クロースとはまったく関係がない。サンタ・クロースは聖ニコラウスという聖人のことなのだ。それに、イタリアでは子供たちにプレゼントを運んでくれるのはサンタ・クロースではなく、箒にまたがって空を飛ぶベファーナという醜い魔女のようなおばあさんなのだ。それもクリスマスの夜にではなく、一月六日、キリスト御公現の日ということになっている。トナカイの引くソリに乗ったサンタ・クロースというのは北方のプロテスタントの国々から生まれたものだろう。ついでに言えば、クリスマスツリーもイタリア本来の習慣ではない。モミの木などないのだから。その代わり、プレゼピオという、キリスト生誕の場面を人形で再現した箱庭のようなものを飾る。第一、サンタというのは女性形だから、それではサンタ・クロースは髭を生やしたおばあさんになってしまうではないか……。

冗談はともかく、サンタ・クローチェというのは聖十字架、つまりキリストがゴルゴタの丘ではりつけになったときに使われた木の十字架のことで、サンタ・クローチェ教会にはその一部が大切に保存されている（はずである）。十三世紀に書かれたキリスト教の聖人伝である『黄金伝説』によれば、この木はアダムの墓の上に植えられた苗が成長したものということになっていて、その後ソロモンが自分の宮殿の建材にしようとしたが、どうしても長さが合わず、橋として使われていた。あるとき、ソロモンに会いに行く途中、橋を通りかかったシバの女王が、この木にやがて救世主が吊るされることを予言した。予言は的中、キリストはこの木から作られた十字架にかけられた、というのである。十字架は地中に埋められていたが、三一三年にキリスト教を公認したコンスタンティヌス大帝の母ヘレナによってゴルゴタの丘で発見された、ということになっている（発見にまつわるおもしろい逸話がいくつもあるが、興味のある人は「ヤコブス・デ・ウォラギネ『黄金伝説・二』人文書院刊」を読んでみてください）。

発見された十字架は細かく刻まれて、特に十字軍の時代にヨーロッパのいたるところへ運ばれた。聖人の遺体、骨、衣服の一部などは「聖遺物」として信仰の対象になるのである。キリストの場合、天に昇ってしまって体は残っていないわけだから、十字架が最も重要な遺物ということになる。ところで、世界じゅうの教会で大切に保存されている聖十字架の断片を集めると、一千万立方センチメートル近くにも達するらしい（十字架の体積は多く見積もってもせいぜい六千立方センチ程度）。

サンタ・クローチェ教会はフランチェスコ会の教会で、ライバルに当たるドメニコ会のサンタ・マリア・ノヴェッラ教会と、フィレンツェの町をはさんで向かい合うように建っている。ファサードはフィレンツェの教会建築特有の白と緑の大理石の幾何学模様だが、これは実は十九世紀後半にネオ・ゴシック様式で作られたものである。イタリア統一からフィレンツェが首都となった時代には、フィレンツェは建築ブームに沸いていたのだ。サンタ・クローチェはまだ上品だが、やはり同じ時期に作られたドゥオーモのファサードはゴテゴテと装飾過剰で少しも美しくない。

教会前の広場は、昔からフランチェスコ会の修道士が貧しい人々を前に説教をしたり、宗教劇、騎馬行列、騎馬試合などが行われたりする場所だった。中でも有名なのが、ロレンツォ・イル・マニーフィコの弟で、美男の誉れ高い二十二歳のジュリアーノ・メディチが優勝し、彼がひそかに恋していたヴェスプッチ家の嫁で十六歳のシモネッタ（『美しきシモネッタ』と詩に歌われ、ボッティチェッリなどによ

フィレンツェのパンテオンと呼ばれるサンタ・クローチェ教会のファサード。

って肖像画が描かれた当代一の美女）から冠を受けた一四七五年の騎馬試合である。このときのジュリアーノの旗印には槍を持ったアテナ女神が描かれていたが、これを描いたのはボッティチェッリだった。騎馬試合やパレードなどは、裕福な市民にとっては自分の豊かさと教養を誇示する絶好の機会だったから、金に糸目をつけずに画家の大工房に衣装のデザインや旗印の装飾を頼み、画家のほうではライバル工房に負けじとそれぞれ工夫を凝らして豪華なものを作り上げた。一般の市民にとっては、それを見るのは大きな楽しみで、今回は誰が一番だ、などと言って批評し合ったのだろう。

歴史上最も名高い古式サッカーの試合もこの広場で行われた。フィレンツェがカール五世の軍に包囲されていた一五三〇年のことである。丘の上に陣を張る敵軍に士気の高さを見せつけるために、わざわざ楽隊の一部をサンタ・クローチェ教会の屋根に上らせてラッパや太鼓を演奏したということだ。日本のガイドブックにはこれが古式サッカーの起源であるようなことが書かれているものがあるが、それはまちがいで、実際にはもっと前からいろいろな場所で、いろいろな機会に行われていた。真冬に凍りついたアルノ川の上でやったという記録も残っている。サンタ・クローチェ広場に面した建物の壁には、当時のグラウンドのセンターラインの位置を示す碑板がいくつも張られている。

教会前の階段上にはダンテの大理石像がある。といってもこの大詩人がサンタ・

ダンテとサンタ・クローチェには何の関係もないが、教会前には大きな像が立ち、中にはお墓がある（しかし遺骸はない）。

クローチェ教会に縁があるというわけではない。教会内には墓も作られてはいるが、遺骨は彼が亡くなったラヴェンナにあり、棺の中は空である。この像は一八六五年の詩聖生誕六百年を前に、エンリコ・パッツィというラヴェンナ出身の彫刻家が、誰から注文を受けたわけでもないのに制作し、地元ラヴェンナから経済的理由で買い取りを断られたので、今度はダンテの生まれ故郷フィレンツェに売り込んだという代物である。困ったフィレンツェ市では、この彫刻の芸術品としての価値鑑定を美術学院に依頼した。鑑定委員会の判定は「卓越した作品とは言えず、公的な場所に置くにはふさわしくない」というものだったが、このパッツィという彫刻家、芸術的才能以上に政治的能力に優れていたらしく、いつの間にか市のお偉方をすっかり丸め込んでいて、何とサンタ・クローチェ広場のどまん中にこの像は置かれることになってしまった。そして、国王までが参列して盛大な除幕式が行われている。イタリア統一直後は広場の中央に愛国者や祖国の偉大な芸術家などの巨大な彫像を置くのが全国的に大はやりだったのだ。

ファサードは粗い石積み、広場は「空」の状態という、清貧を説いた聖フランチェスコにふさわしい姿を六百年近く保ってきたサンタ・クローチェ教会だったが、ここで様相が一変してしまった。ダンテ像が現在の位置に移されたのは一九六六年の大洪水後のことで、古式サッカーの試合もまたこの広場に戻ってきた。

現在、古式サッカーはフィレンツェの古い四地区であるサン・ジョヴァンニ（ヴ

古式サッカー試合前のパレード。審判がかかげているのは、当日対戦する二地区の色のボール。

エルデ＝緑）、サンタ・マリア・ノヴェッラ（ロッソ＝赤）、サンタ・クローチェ（アッズッロ＝青）、サント・スピリト（ビアンコ＝白）の対抗戦という形で、市の守護聖人である洗礼者ヨハネの祝日（六月二十四日）とその前後の日曜日に行われている。シエナのパリオ（コントラーダと呼ばれる十七の地区対抗で年に二回、市の中心のカンポ広場で行われる裸馬の競馬、シエナ市民はこの日のために生きていると言われるくらい、町じゅうが異常なほどの興奮状態になる）ほどではないにしても、やはり地区間の対抗心は相当なものだから、当日はそれぞれのチームカラーのシャツやスカーフを身につけた若いファンがサッカー場と同じような応援合戦を繰り広げる。

統一されてからまだあまり時が経っていないということもあり、イタリア人はイタリア人であるより前に自分の生まれた町の人間であるという意識が強い。この強すぎるほどの郷土愛は「カンパニリズモ」と呼ばれるが、この言葉の元になった「カンパニーレ」は鐘楼のことである。教会の鐘は町のシンボルであり、市民は日に何回もその音を聞いて育った。そして戦時にはその音の下に団結したのだ。

教会の鐘が自動車の騒音にかき消されてほとんど聞こえなくなってしまった現在、市民の団結のシンボルといえばまずサッカーだろう。だから、熱狂の度合いはさまざまだが、老いも若きもフィレンツェ市民の大多数はフィオレンティーナ（フィレンツェのサッカー・チーム）のファンである。そして日曜日、つまり戦いの日にな

パレードの風景。

るとほかの町のチームを相手に一致団結する。ついでに言えば、ナショナルチームの試合のときだけはいつもは敵対関係にある各チームのファンが赤白緑の三色旗の下にまとまるのだが、地元チームの応援ほど熱が入らない。特にフィレンツェ人のナショナルチーム嫌いは有名で、以前フィレンツェでイタリアとメキシコの親善試合があったときなど、観客の多くがメキシコに声援を送り、それがテレビ中継されたものだからイタリアじゅうから袋だたきにあったほどである。まあ、ワールドカップで勝ち進みでもすれば話は別で、フィレンツェの町にも窓から三色旗をたらす家が試合ごとに増えていく。

話を古式サッカーに戻すが、この日だけはフィオレンティーナのファンたちも敵味方に分かれ、チーム・カラーの紫の旗をそれぞれの地区の色の旗に持ち替えるのだ。特に下町のサンタ・クローチェとサント・スピリト両地区では、昔からフィレンツェ市民であるより前にその地区の住民であるという意識があり、それが親から子へ、子から孫へと代々伝わって、今の若い人たちにまで潜在意識の中に受け継がれている。それが古式サッカーの時期になると目覚めるから、両地区は選手も応援団もライバル意識をむき出しにして戦うのだが、最近はサンタ・クローチェが圧倒的に優勢で、七十年代には無敵を誇ったわがサント・スピリトはまったくさえない。まことに残念である。

試合当日はルネッサンスの装束を身につけた総勢五三〇名のパレードがサンタ・

パレードの鼓笛隊。

マリア・ノヴェッラ教会の修道院中庭を出発、フィレンツェ市内を横切ってサンタ・クローチェ広場へ向かう。先頭を進むのは白地に赤い百合の紋章が縫い取られたフィレンツェ市の旗で、赤と白の衣装の行政長官、銀百合の権標を捧持する四人の露払い、四人のトランペット奏者、六人の歩兵に守られている。その後を、羽飾りのついた甲冑をまとった八人委員会の面々、黒と赤の服を着た三人の審判、鼓笛手の一団、カブトをかぶって革の胸当てをつけた二十六人の火縄銃兵と二十六人の槍兵、四地区の役員と選手、馬に乗った貴族たち、七大組合の旗、十四の中小組合の旗など、いちいち説明していたら何ページもかかってしまうほど長い行進が、笛太鼓の音に従って威風堂々、というよりはのんびりと続く。言ってみれば京都の葵祭か時代祭の行列のようなものだが、日本の人たちがなんとなく照れ臭そうに歩いているのに比べ、貴族の風格を漂わせる手綱さばきも鮮やかな馬上の紳士たちから、ごっつい兵士に扮した人たちまで、一人一人が五百年前の人物になりきっているのは、さすが自己表現のうまいイタリア人だと感心してしまう。

行列が広場に到着すると、まず九人の太鼓手と十六人の旗手が入場、太鼓のリズムに合わせてグラウンドで旗を振ったり投げたりの演技を繰り広げる。青空に十六本の旗が舞い上がり、それを旗手たちがみごとに片手で捕らえてポーズを決めるたびに大きな拍手が起こる。ときどき旗がとんでもない方向へ飛んだり、キャッチしそこねたりするのもまたご愛嬌というものだ。それが終わると五三〇人全員が広場

古式サッカーに出場する選手たち。

に整列、隊長の発する中世の軍隊そのままという独特の抑揚をつけた号令に従って貴賓席に向かってあいさつする。

試合は二十七人対二十七人で行われ、試合時間は五十分である。エンドラインに沿って張られたネットがゴールで、中央の、近代サッカーならゴールポストが置かれる場所に旗手長の陣取るテントがある。ゴールの幅が何十メートルもあってとても一人では守りきれないから、ゴールキーパーが四人いる。バックスが三人、ハーフが五人、そしてフォワードは十五人で、五人ずつの組に分かれて攻撃する。サッカー（イタリア語でカルチョ）という名前になってはいるが、実際にはボールを手で持って走ったり、パスしたり、足でボールを扱うことはほとんどなく、どちらかといえばラグビーに近い。ゴールも手でゴールエリアに投げ込むのだが、外すと相手側に二分の一点が与えられる。ゴールが入ると横に控えている大砲が空砲をぶっ放し、サイドチェンジになる。

グラウンドはさほど広くなく、そこで両チーム合わせて五十四人のゴリラのような男たちが入り乱れて戦うのだから、ゲームが始まるともう大混乱、フォーメーションもルールもあったもんではない（ように素人には見える）。敵を手で払いのけ、倒れている者は敵味方おかまいなしに足で踏んづけてゴールに突進する選手、それに対して強烈なタックルをかける選手。ボールを奪い合って大勢が揉み合っているかと思えば、グラウンドのあちこちにボールにはまったく関係なくレスリングか柔

古式サッカーの試合。

道の寝技のようにもつれ合ったまま離れない二人組がいる。シャツなどすぐに破かれてしまうから、ほとんどの選手が汗と土で汚れたたくましい上半身を見せている。女性にはなかなか刺激的な光景だろうし、特にホモッ気のある人にはたまらないんじゃないかと思う。そういえばフィレンツェの男色はルネッサンス以来の伝統だった。

古式サッカーの選手に選ばれることは力自慢の若者にとっては名誉なことで、四十代の大ベテランともなれば百戦錬磨の勇士として地区では英雄、そのニックネームはフィレンツェじゅうに知れ渡る。「バンビーノ（赤ん坊）」はわがサント・スピリトの黄金時代にナンバー・ワンだった名選手で、その体力と腕力を買われ、ハリウッドの大スターなど有名人のボディーガードとして世界を渡り歩いていた。何でもキューバのカストロ首相の護衛も務めたことがあるということだ。その彼が引退して、その名も「バンビーノ」というレストランをオープンした。生まれ育ったフィレンツェの下町料理にボディーガード時代に経験した世界の一流レストランの味を加えたインターナショナルな料理が看板だが、繁盛している第一の理由はやはり彼の人気にある。昔のプロレス選手、禿げ頭のゴリラ・モンスーンのようなバンビーノ氏は、こわごわ入ってくるお客を意外にかわいい笑顔で迎え、グローブのような、という形容がまさにぴったりの手で握手し、テーブルに案内してくれる。料理を注文し、さてワインはどれにしよう？　というとき、バンビーノ氏は分厚い胸を

スタンドで観戦する「勝利の女王」役の娘さんたち。

たたいて、「おれにまかしときな」

恐れをなして彼の言うなりになっていると、とんでもない高級ワインが運ばれてきてまっ青になる……、というのは冗談。サイフの中身に合ったワインをちゃんと選んでくれる。料理もおいしい（脅されたわけではありません）。

スタンダールは『イタリア旅日記』の一八一七年一月二十二日のところで次のように書いている。

僕は自分がフィレンツェにいるという考え、墓を見たばかりの偉人たちの近くにいるという考えに、すでに一種の恍惚状態であった。崇高な美を熟視することに没頭して、僕はそれを間近に見て、いわばそれに触れていた。僕は美術から受けたこの世ならぬ印象と興奮した気持が混じり合ったあの感動の頂点に達していた。サンタ・クローチェを出ながら、僕は心臓の動悸、ベルリンでは神経の昂ぶりと呼ばれるものを覚えていた。僕の生命は擦り減り、倒れるのではないかと心配しながら歩いた。サンタ・クローチェ広場のベンチの一つに腰をおろした。（臼田紘訳）

フィレンツェでルネッサンスの美術品をはじめて見たとき、その質のあまりの高

教会の前に陣どるビアンコ（サント・スピリト地区）の応援団。

さと量のあまりの豊富さに圧倒されて一時的に精神の安定を失い、めまいや吐き気を感じる。このようなスタンダールと同じ状態に陥る人は多く、ひどい場合には救急車で病院にかつぎ込まれて精神科の治療を受けることになる。フィレンツェの中心部にあるサンタ・マリア・ヌオーヴァ病院は、ダンテの永遠の恋人ベアトリーチェの父フォルコ・ポルティナーリが一二八八年に開いたフィレンツェ最古の病院だが、そこの精神科には十年間で百人以上がこのような症状を訴えて収容されている。医長のマゲリーニ博士はこれを『スタンダール・シンドローム（症候群）』と名づけた。

スタンダール・シンドロームにかかるのは外国人、それも教養豊かな人ばかりである。古代ギリシアと並んで古代ローマとルネッサンスはヨーロッパ文化の源泉であり、それに精神的な支えとなっているキリスト教のカトリックの大本山もイタリアにある。だから、今のように旅行が簡単ではなかった時代、イタリアへの旅は特に上流階級の人間形成のために欠くことのできない一つの通過儀礼のようなものだった。現在でも一部の人々にとっては単なるヴァカンスなどではなく、自分のルーツを訪ねる重要な旅なのだ。

リルケもフィレンツェに滞在したが、着いたばかりのころはスタンダール・シンドロームのような精神状態にあったようだ。『フィレンツェだより』の一八九八年四月十五日の部分を少し引用してみよう。

二週間前から、わたしはフィレンツェに滞在している。家はポンテ・デッレ・グラーツィエからほど遠くないルンガルノ・セリストーリにある。

（中略）

しかし、最も美しい光景は、赤く夕焼のした黄昏である。

カシーネの森の上には弱い残照がまだたゆたい、古い家々が鳥の巣のように張りついているポンテ・ヴェッキオは、黄金色の絹地を斜めに走る黒いリボンのように見える。町は石黄色と褐色との調和の中にひろがり、フィエーゾレの山々はもう夜色を帯びている。ただサン・ミニアート・アル・モンテの教会だけが、その磨いたような正面に名残りの光を反映し、わたくしは、この最後の微笑のような慎み深く細やかなその美しさを、いささかも逃すまいと眺めるのである。

（中略）

フィレンツェが、あのように広々と心持よくわたくしの前にひろがっていたにもかかわらず（あるいはもしかすると、まさにそれ故に）、フィレンツェの町は最初わたくしの心を極度に混乱させ、わたくしには自分の印象を分析する余裕もほとんどなく、自分が一つの異質な驚異の大きい渦巻の中に巻きこまれて沈んでしまうのかと思ったほどであった。ようやく昨今になって、わたくし

は自分の息をとり戻し始めた。かずかずの記憶は透明になり、互にはっきり区別されるようになって来た。（森有正訳）

一方、スタンダールより約三十年前にフィレンツェを訪れたゲーテは次のように書き残している。

一七八六年十月

二十三日の朝、ドイツ時間の十時に、われわれはアペニンの山を出て、眼下にフィレンツェの町を見た。それはよく開墾され、見渡すかぎり別荘や家々の点在する広い谷のなかに横たわっていた。

この町のなかを私は大急ぎで駆けまわり、ドームや洗礼堂などを見た。ここにもまったく新しい、私の知らない世界がひらかれている。しかし私は滞在しようとは思わない。ボボリ庭園は見事なものである。私ははいってきたと同様に、慌てて町を去ってしまった。（『イタリア紀行』相良守峯訳）

ゲーテはスタンダール・シンドロームには無縁だったようだ。

フィレンツェに滞在した芸術家は多く、フィレンツェで生まれた名作も多い。一八六八年にはドストエフスキーが滞在し、妊娠中の妻とボボリ庭園の散策を楽しん

でいたということだ。庭園の前、ピッティ広場二十二番には、

この付近において
一八六八年から一八六九年の間に
フョードル・ミハイロヴィッチ・ドストエフスキー
『白痴』を完成す。

と書かれた石の碑板がはめ込まれている。
このような碑板はフィレンツェの町のあちこちにある。聞いたことのない名前の政治家、法律家、軍の英雄などが生まれたり、一時期を過ごしたりというものが大部分だが、根気よく見ていけば、文学者や作曲家などの知っている名前が見つかるかもしれない。時間に余裕がある方はどうぞ探してみてください。ただし、上ばかり見ていて犬の落とし物を踏まないよう、くれぐれもご注意。

ポンテ・ヴェッキオ

フィレンツェ最古の橋

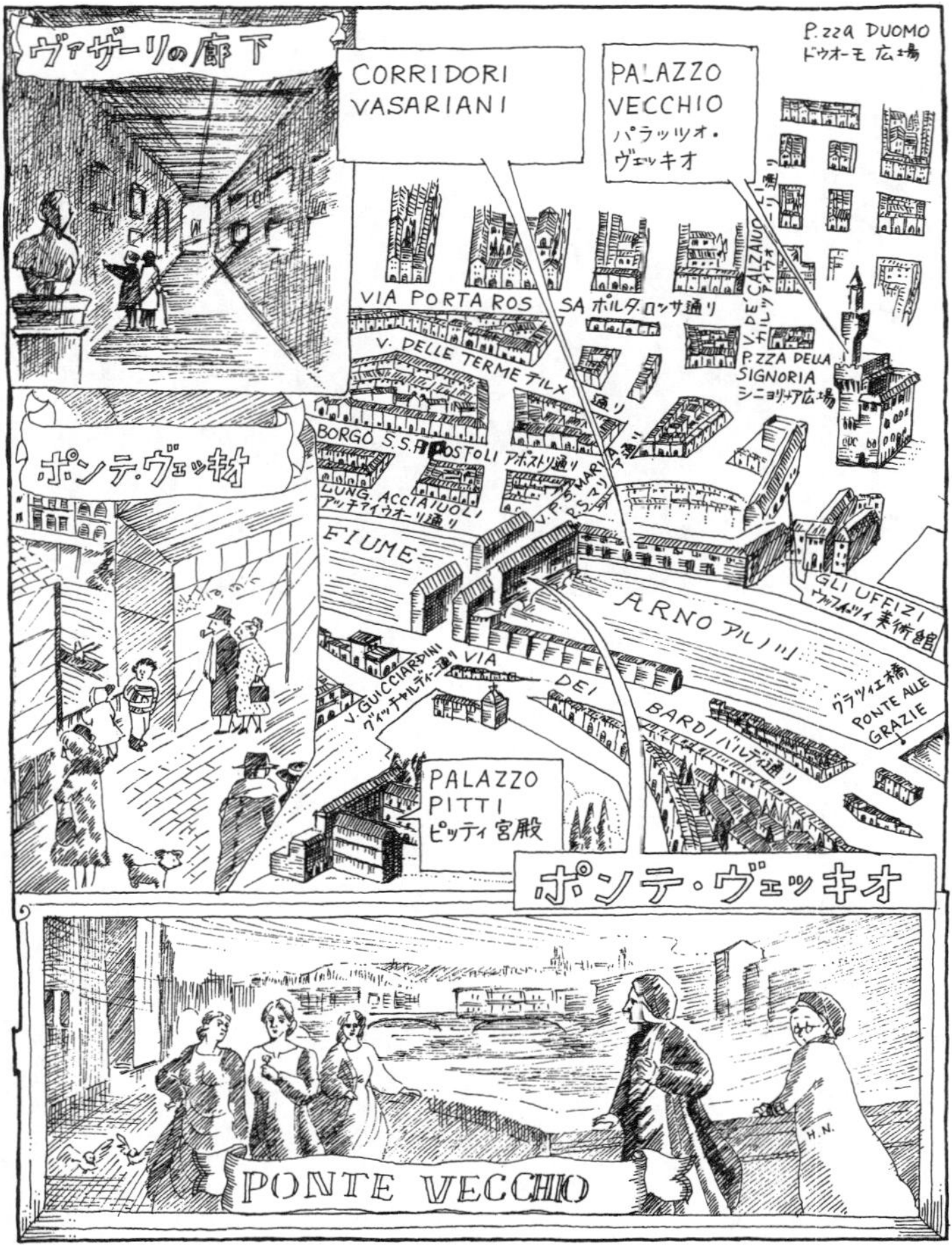
ヴァザーリの廊下
CORRIDORI VASARIANI
PALAZZO VECCHIO パラッツオ・ヴェッキオ
P.zza DUOMO ドゥオーモ広場
VIA PORTA ROSSA ポルタ・ロッサ通り
V. DELLE TERME テルメ通り
BORGO S.S. APOSTOLI アポストリ通り
LUNG. ACCIAIUOLI アッチアイウオーリ通り
P.ZZA DELLA SIGNORIA シニョリーア広場
ポンテ・ヴェッキオ
FIUME ARNO アルノ川
GLI UFFIZI ウッフィツィ美術館
V. GUICCIARDINI グイッチャルディーニ通り
VIA DEI BARDI バルディ通り
グラツィエ橋 PONTE ALLE GRAZIE
PALAZZO PITTI ピッティ宮殿
ポンテ・ヴェッキオ
PONTE VECCHIO

　旅先から町の印象が一言添えてあるきれいな絵ハガキを受けとるのは楽しいものだ。同じように、旅の途中ふと立ち寄った土産物店で、送る相手を思い浮かべながら絵ハガキを選ぶのも、旅の醍醐味の一つだろう。フィレンツェを訪れる旅人たちも、あまりにたくさんの風景や美術品の絵ハガキを前に、どれを選んでいいかなかなか決められないで悩んでいるようだ。

　そんな中に隠れたベストセラーといえる一枚がある。夕暮れのヴェッキオ橋（ポンテ・ヴェッキオ）を背景にした『ダンテとベアトリーチェの出会い』である。

　残念ながらこの絵はフィレンツェの美術館では見られない。ダンテとは縁もゆかりもない土地、イギリスはリヴァプール、ウォーカー・アート・ギャラリーの所蔵品で、作者はヘンリー・ホリデー。古典文学や神話を主な題材とする、十九世紀末にイギリスで起こった芸術思潮、ラファエロ前派の一人とされる。

　夕餉《ゆうげ》の前にはルンガルノ（アルノ河畔）の散歩を日課としていたのだろうか、サンタ・トリニタ橋のたもとにたたずんで思索に耽るダンテ。ふとわれにかえって顔を上げたとき、彼の目に映ったのは輝くような青いドレス姿のベアトリーチェ。その清らかで高貴な容姿にはこの世のものとは思えぬ「神性」が備わっていた……。

かくしてダンテはベアトリーチェを「永遠の女性」と賛美し、作品の中で彼女への愛を歌い上げた。と、この絵ハガキを見た人なら誰でもこういうふうに解釈するだろうし、この情景が実際にその場所で起こったことと思うだろう。それほどこの絵には、何かリアルに迫ってくるものがある。

ところが、よくよく目を凝らしてこの作品を見ると、ある矛盾に気がつく。彼方にぼんやりとかすんで見えるヴェッキオ橋は「ヴァザーリの廊下」として有名な上部が取り除かれてはいるが、それ以外の構造は現在見られる橋とほとんど同じである。

ヴェッキオとはイタリア語で古いという意味で、古代ローマの植民地時代に造られた、文字どおりフィレンツェ最古の橋であるが、実はダンテが生きていた当時は、レンガを積んだ橋脚の橋に数軒の粗末な小屋が点在している程度だったようだ。中世のヨーロッパでは、橋の上に住居や商店があるのはごくごく普通のことだったのである。さて、ダンテは一三二一年、追放先のラヴェンナで無念の死を遂げるが、ヴェッキオ橋のほうは一三三三年のアルノ川の大洪水で流され、その十数年後に、現在のように両側にぎっしりと建物が並ぶ開廊風の独特な形の石橋として再建された、と記録には残っている。ヴァザーリの廊下が完成したのはそれから二百年も後、一五六五年のことなので、ホリデーは時代考証をした上で廊下だけは省略したが、やはりヴェッキオ橋全体のイメージは壊すことなく描きたかったのだろう。まあ、

フィレンツェ最古の橋ポンテ・ヴェッキオ。上をヴァザーリの廊下が通っている。

それはあたりまえのことではあるが……。

というわけで、生前のダンテはあの瀟洒《しょうしゃ》なヴェッキオ橋を見ることができなかったのだが、さらにつけ加えると、彼がベアトリーチェを見初めた場所は、もっと町の中心に近かったといわれている。そのエピソードについてはまた別の機会にご紹介したいと思うが、ダンテ―ベアトリーチェ―ヴェッキオ橋の三位一体がいつの間にか伝説化されるほど、この橋は美しい。そればかりではない。政治、生活レベルからいってもフィレンツェの町のシンボルといえる重要な存在なのだ。

ヨーロッパの古い都市を訪れると、その町の中心を流れる川、そして橋に心を奪われることが少なくない。有名なところではパリのポン・ヌフ、ロンドンのタワー・ブリッジ、ややマニアックなところになると、両側に彫像の並ぶ怪奇趣味漂うプラハのカレル橋、そして最近火事で消失したが、最古の木造の橋といわれていたスイスはルツェルンのカペル橋など枚挙にいとまがない。さてイタリアの町ではどうだろうか。やはりヴェネツィアのリアルト橋とここフィレンツェのヴェッキオ橋が双璧だろう。

小さな範囲内に名所が密集している観光都市フィレンツェでは、川の存在が旅行者の心理に与える影響は大きい。なぜかというと、ここにはとにかく美術品も建築物も超一級品が多すぎて、それを見ながら歩いているうちに、たとえようもない圧迫感に襲われる旅行者が少なくないのだ。幸い日本人の患者はまだ現れていないら

ミケランジェロ広場から見たポンテ・ヴェッキオ。

しいが、もし仮にあなたがそういう状態に陥りそうになったなら、気を静めてとにかくアルノ川に向かって歩くことである。川沿いまで出れば、視界が明るく開け、涼やかな川風がそれまで積もり積もっていた緊張を解きほぐしてくれるだろう。階段を河岸に降りると、スケッチをしている女の子、魚釣りに興じるおじさんの姿がちらほら見うけられ、町の喧噪とはうらはらに牧歌的な雰囲気が漂う。初夏が訪れると大胆に水着姿で日光浴を始める男女もいる。

ところで、ヴェッキオ橋といえば何といっても「黄金の橋」、つまり宝飾品専門店が立ち並ぶ世界唯一の橋として有名だ。白状すると、はじめてフィレンツェを訪れたときのことだった。すでに夕方に近かったので、まだ開いているはずのウッフィーツィ美術館をとにかく見学しようと、ほとんど小走りの状態で歩いていた私は、この橋を渡ったことに全然気がつかなかった。ふつうの商店街の続きぐらいにしか思わなかったのだ。生来の土地勘の悪さに加え、地図もガイドブックも持っていなかったのだから、無理もなかったかもしれない。予想以上に時間がかかるので多少不安にはなってきたものの、とにかく前進していくうちに目の前の広場に美術館らしき建物が見えたので、最後の力を振り絞って大門の中に駆け込んだ。ところが何とそこはアルノ川の向こう側にあるピッティ宮殿だったのである。

長さが百メートルもないヴェッキオ橋を渡るのに数十分、いや数時間もかけているブロンドの優雅なご婦人方が聞いたらどんなにか笑われることだろう。だが、あの宝石店の大群の目を奪うようなきらびやかさには、どこか淫靡な影がつきまとうらしい。悪質な店にだまされないだろうか、と疑いの目でウィンドーを眺める観光客も少なくない。

「ポンテ・ヴェッキオの店で売っている商品、あれはまぎれもなくみんな本物だよ。橋の周辺と、それにほんのわずかだが店の二階にも工房が残っていて、そこで腕の確かなオーラフォ（金銀細工師）が作っているんだから」

こう説明してくれるのは、フィレンツェの下町で時計と貴金属の店を営むスッシさん。元高見山関の身長をそのまま縮めたようなごつい風貌、ソーセージのような太い指の先で、繊細な金のイヤリングをていねいに扱いながら語る。

「でもあそこはいつも観光客でいっぱいだけど、フィレンツェの住人も行くのかしら？」

「フィレンツェ人だって行くさ。ただ階層ってものがある。お金持ち、元貴族、それに大学教授とか、何ていうかね、そう、ステータスな職業の人だよ。そうじゃない人はうちみたいな近所の店に来るわけ。何しろ同じ金でもずいぶん値段が違うからな、売る場所によって。作る場所によっても違う。うちにあるのは隣町のアレッツォからくるのが多いから。ところでお客さん、どの耳輪にするんだね。ふんふん、このいちばん細いやつがいいよ。日本人の顔は小ぶりだからな、細いほうが顔にしっくりくるよ。イタリア人の顔は造作が大きいから、ずっしりした派手なやつ

ポンテ・ヴェッキオの宝飾店のショーウィンドー。どの店にも商品が所せましとぎっしり並んでいる。

じゃないとな……」

シンプルな金の輪形のイヤリングは重量で値段が決まる。こちらの懐具合を察してか、それともほんとうに似合うと思ってくれたのか、スッシさんはいちばん細くて軽いのを薦めてくれた。さてヴェッキオ橋の店ではどんな交渉がなされるのだろうか、一度のぞいて見たい気もするのだが……。

今でこそ全世界の女性たちにため息をつかせる「黄金の橋」も、中世からルネッサンスにかけては、悪臭のため通行人が鼻をつままずにはいられない「汚濁の橋」だった。一三三三年の大洪水のあと再建されたヴェッキオ橋には、魚屋、肉屋、革なめし職人の工房が軒並み移ってきた。当時の革なめしの工程はというと、まず八カ月間獣皮をアルノ川の水に浸し、その後馬の小便の中でなめすといういささか原始的な方法だった。橋の中央部、現在ベンヴェヌート・チェッリーニの胸像が立っているあたりは、そこだけ商店の列がぷっつりと途切れているが、この一連の作業を行うためにわざと空間を作ったらしい。また、不要の臓物やごみはここから容赦なく川に投げ捨てられていたそうだ。今でもこの場所に立つと、餌をやるわけでもないのにアルノ川の魚が条件反射で集まってくる。これは当時の名残だと、年取ったイタリア人ガイドが説明していた。

「な、何たるおぞましい汚さ!」

一五九三年、大公フェルディナンド一世がある日たまたまヴァザーリの廊下からこの橋を見下ろし、その不潔さに気絶せんばかりに驚いた。伊達男の大公はすぐさま橋の上の商人を立ち退かせ、代わりに金銀細工師の工房を据えつけたというわけである。彼らは以前の居住者たちの二倍の家賃が払えたので、町の美観は改善されるわ、国の財源は潤うわで一挙両得というわけだ（だが、実際には職人たちから抗議運動がおこり、最初の三年間は家賃を従来通りに据え置くことに決まったらしい）。いずれにせよ、枢機卿出身のフェルディナンド一世、なかなかの名君だったといえよう。なお先ほどの胸像の主、ベンヴェヌート・チェッリーニはフィレンツェ金銀細工師の父といわれているが、彫刻家としても優れ、シニョリーア広場の『ペルセウス像』は特に有名だ。

ところでヴェッキオ橋の片側、上部を通っているヴァザーリの廊下がいったいどれぐらいの長さかご存じですか？　ヴェッキオ宮殿からウッフィーツィ美術館を通り、川を渡ってピッティ宮殿まで一キロメートルも延々と続いている。フェルディナンド一世の父、初代トスカーナ大公コジモ一世が刺客に遭うのを恐れて、一般道を通らず住居と執務室を往復でき、その上教会のミサにも参列できないかと考えた末に生まれた一大プロジェクトである。当時、息子フランチェスコとオーストリア皇女の縁談が決まって婚礼の準備に追われていたコジモは、何とか結婚式までに廊下を完成させてこの異国の花嫁に最大級の歓迎の意を表したい、とヴァザーリに無理難題を押しつけた。そんなわけで五カ月間という短期間で完成したこの工事、ヴ

アルノ河畔を歩く修学旅行生のグループ。春になるとカラフルなリュックサックを背負った子供たちが街にあふれ、騒々しいことこの上ない。

アザーリ自身も、

「たとえ五年かけてもできそうにないほどの大仕事だったのだが」と豪語したほどで、当時の為政者の絶対的権力がどれほどのものかうかがい知れる。なおこの廊下を見学するにはあらかじめ許可を申請する必要があるが、内部には世界でも珍しい画家の自画像コレクションが展示されていて、レンブラント、ベラスケス、アングル、ルーベンスといった巨匠たち、それにマリー・アントワネットのお抱え画家、美人で有名なルブラン夫人が、キャンディーの缶に印刷されているような愛くるしい笑顔で私たちを迎えてくれる。

ヴァザーリの廊下は映画の舞台にもなった。ロベルト・ロッセリーニの作品『戦火のかなた』である。第二次大戦中、連合軍がシチリアに上陸してから北進する過程を六つの短いエピソードに分けて描いた映画で、戦争ドキュメンタリーのようにリアルな映像と、イタリア的ヒューマニズムを巧みに盛り込んだストーリーは、救いようのない悲しい結末にやり切れない思いを残すが、明らかにネオ・レアリズモの傑作である。

さて、フィレンツェ編は、ドイツ軍が連合軍の侵攻を妨げるため、ヴェッキオ橋を除くすべての橋を爆破した一九四四年八月に始まる。市内は二日前からファシストとパルチザンの銃撃戦が続いているが、それぞれの恋人と妻子の安否を気遣ってフィレンツェに戻ってきた二人の男女が、周囲の忠告も振り切り、決死の覚悟でヴ

クリスマスプレゼントを買う人々でにぎわうポンテ・ヴェッキオ。

アザーリの廊下を渡って川の向こう側に行くというストーリーである。二人が廊下の窓から見下ろすヴェッキオ橋、そしてシニョリーア広場。ドイツ兵が数人見張りに立っている広場の白々とした映像は悪夢のように冷たい。だが実際、こんなに簡単に廊下へ入れたのだろうか。聞くところによると、ドイツ軍が橋を爆破したあとも、川の南側からフィレンツェ入りしたパルチザンがヴァザーリの廊下を通って次々に市内へ入っていったそうだ。どうしてナチスがこの抜け道を厳しく監視しなかったのか不思議な気もするが……。ロッセリーニは戦後すぐに現地へ赴いて撮影を始めたので、爆破を受けたヴェッキオ橋周辺部のがれきの山がそのままあますことなくカメラに映し出されている。

世界的文化遺産の宝庫であるという理由から、辛くも大きな空襲は免れたフィレンツェ。しかし、度重なる爆撃で五百人もの市民を失い、パルチザンの解放戦争ではイタリア各地から集まった勇士が若い命を散らしたという事実に変わりはない。『戦火のかなた』は、戦争がこの町にどんな傷跡を残したかを伝えてくれる貴重な記録の一つである。

冷酷無比なナチスも連合軍もミケランジェロのダヴィデには手が出せなかった。戦争はしょせん人間同士の争いだ、芸術は戦争も退ける、とフィレンツェ人なら言うかもしれない。だが彼らにとって、予測できないという点で戦争以上に恐ろしいものがある。それは水害だ。

橋のたもとの広場で、自作の絵を売る人たち。

イタリアでは十月から十一月にかけて雨が多い。一カ月間ほとんど毎日のように雨が降り続くことだってある。洗濯物が乾かないで困るでしょう、と日本ではすぐ話題になりそうだが、イタリア人はあまり気にしない。雨が降っても洗濯物を取り込まないのだ。いや、もちろん取り込む人もいるが、逆に雨が降る中、平気で洗濯物を干し、その上から大きなビニールの覆いをかける人も多い。そういえば真向かいの家の奥さんはたいへんな洗濯マニアだ。ご主人が壁塗り職人という仕事がら、汚れ物が多いのは当然なのだが、おかしいのはこの通りで道の側に洗濯物を干すのは彼女だけ（普通は中庭に面した窓に干すので通行人からは見えない）、しかもその窓の下にはこの通りで唯一のトレンディーなスポット、会員制のナイトクラブがあって夜になると着飾った男女が集まってくる。彼女はこれみよがしにご主人のGパンから自分の下着類、ガーターベルトまで窓の下に干して一晩中放っておくので、深夜の閉店後も洗濯物の下でおしゃれな若者たちがわいわいと戯れている。何とも奇妙な光景だ。彼女一流の皮肉なんだろうか、それとも何か中庭側には干せない事情でもあるんだろうか。

それはさておき、強い雨が数日続くとアルノ川の水位はたちまち上がる。橋を渡る人は欄干にすがるようにしてごうごうと音を立てるアルノの濁流をじっと見つめている。まだ記憶の中では昨日のことのように生々しいあの大惨事を思い出しながら……。

一九六六年十一月四日
アルノの水ここまで達す

こう記された小さな大理石の碑文がフィレンツェの町のところどころに見られる。同じような大きさの石碑が建物に貼ってあり、よく見ると「一切の張り紙を禁じる」という市の条例だったりしてがっかりすることがあるが、注意しているとけっこういろんな場所で見つかるものだ。私はたまたまサンタ・クローチェ広場とドゥオーモ広場の中間、フィエゾラーナ通りの高さ四メートルの場所でこの碑文を見つけたが（バスに乗っていたのでこんなに高い位置でも目に止まった）近くまで行ってあまりの高さに唖然とし、しばらく立ち止まっていたほどだ。石造りの堅牢な建物はそんな大災害にあったことは微塵も感じさせないのだが、人々はいったいどうやってこの危機を切り抜けたのだろうか。

それはまさに泥沼の中での戦いだった。私たちが住んでいるサン・ジョヴァンニ通りも川に近く土地が低いため、水は二メートルの高さまで達したそうだ。避難所へ駆け込むどころの騒ぎではない。一階の住人はとにかく上の階へ身を寄せるしかすべがなかった。といってもこのあたりのアパートの大きさでは、一度に何人も受け入れる余裕はとてもなさそうだ。十一月初旬なのに電気もガスも止まったうすら

アルノ川の堰《せき》は日光浴に最適。暖かくなると手っ取り早く日焼けしたい人でいっぱいになる。

寒い家の中、ボートで配給されるわずかなミネラル・ウォーターとパンを隣人と分け合って人々は忍耐強く水が引くのを待った。完全に水が引くまで二カ月もかかったという。

サンタ・クローチェ教会にあったチマブーエ作の『キリスト磔刑像』をはじめ、多くの美術品が被害に遭い、また川のほとりの国立図書館所蔵の貴重な写本なども泥に埋まった。フィレンツェの洪水のニュースは全世界に伝えられ、若い人を中心にボランティアが世界中から駆けつけた。彼らは「泥の天使」と呼ばれ、今でもその活躍は語り種になっている。

このときに育まれた連帯感、そして日本語ではうまい表現が見つからないが、利他主義とでもいおうか、他人のことを優先する気持ちこそフィレンツェの人々が誇りとする大きな財産となった。見るからに情の深そうな人が多いイタリア人の中で、フィレンツェ人はどちらかというとプライドが高く冷淡、閉鎖的という印象を与える。本人たちが自分でそういっているほどである。だが彼らは「連帯」という言葉を好んでよく使う。彼らの一歩引いたようなよそよそしい態度の中にも実は大きな暖かい心が潜んでいることに気づいたとき、この町はがぜん住みやすくなる。

残念ながら、このような大惨事を経験したにもかかわらず、アルノ川の水害対策はほとんど進展していないのが実情だ。何年も前から治水ダムの建設工事が計画されているが、イタリアの政財界の超大物たちを巻き込んでいる汚職摘発で役人が逮

街の喧騒をよそに、のんびりとアルノ河畔で釣りをする人。

捕されたりして、いつになったら完成するやら見通しも立たない状態である。一九九二年の秋にも大雨でアルノの支流の二つの川が氾濫した。アルノ川の近くに車を停めている人たちは、このときも大慌てで車を小高い丘の上まで移動させていた。雨が集中して降る時期は毎年ほとんど変わらないので、いっそ大洪水が起きた十一月四日を水害記念日にでもして、この問題にもっと真剣に取り組むようにすればいいと思うのだが、こういう日本的発想はここではまったく通用しない。というわけで、アルノ川が狂暴化しないようひたすら祈り、いざというときにはフィレンツェ人の連帯意識を頼りにするしか対策はないようだ。

そういえば、仲のいいあるイタリア人一家のアパートでは、倉庫いっぱいに食料、日用品が買い置きしてあって、そのストックの量は常に減ることがない。

「こんなに買いだめしてどうするの?」とたずねると、

「水害のときは川の近くに住んでたので、そりゃあひどい目にあったのよ。もしあんなことがまた起きたら、あなたたちのところにもボートで食料を運んであげるからね」

と、他人の不幸を見て見ぬふりができないお母さんのマリーザは笑って言った。

サント・スピリト

職人気質が残る下町

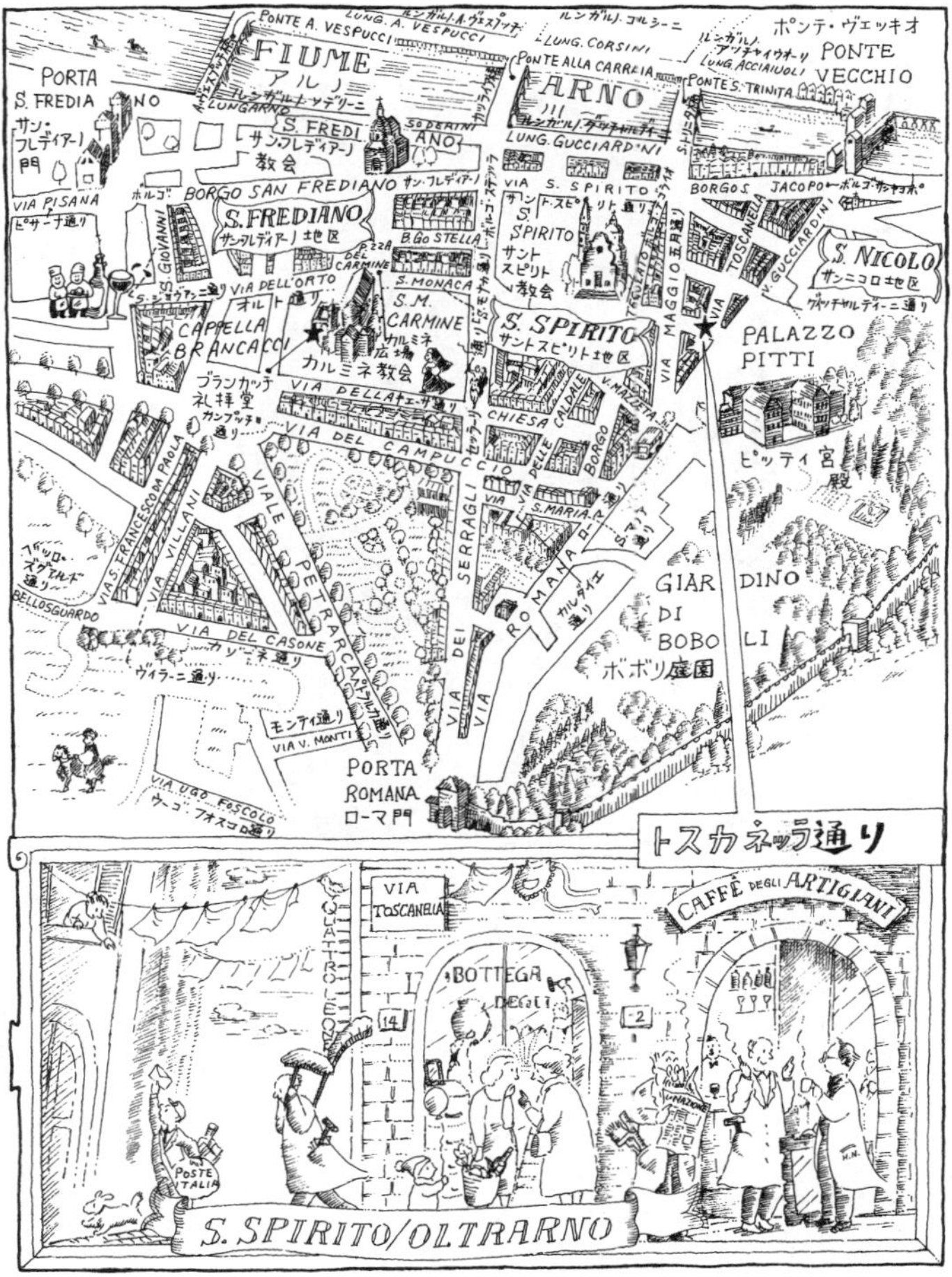

PONTE A. VESPUCCI
LUNG. A. VESPUCCI
ルンガルノ・A・ヴェスプッチ
ルンガルノ・コルシーニ
LUNG. CORSINI
ポンテ・ヴェッキオ
PONTE VECCHIO
LUNG. ACCIAIUOLI
PONTE ALLA CARRAIA
PONTE S. TRINITA
FIUME
アルノ
ARNO
川
PORTA S. FREDIANO
サン・フレディアーノ門
LUNGARNO
S. FREDIANO
サン・フレディアーノ教会
LUNG. GUCCIARDINI
VIA PISANA
ピサーナ通り
BORGO SAN FREDIANO
VIA S. SPIRITO
BORGO S. JACOPO
S. FREDIANO
サン・フレディアーノ地区
B.GO STELLA
S. SPIRITO
サント・スピリト教会
S. NICOLO
サン・ニコロ地区
S. GIOVANNI
VIA DELL'ORTO
オルト通り
S. MONACA
S.M. CARMINE
カルミネ教会
カルミネ広場
S. SPIRITO
サントスピリト地区
VIA MAGGIO
VIA TOSCANELLA
V. GUCCIARDINI
PALAZZO PITTI
ピッティ宮殿
CAPPELLA BRANCACCI
ブランカッチ礼拝堂
VIA DELLA CHIESA
VIA DEL CAMPUCCIO
VIA DELLE CALDAIE
V. MAZZETTA
VIA S. MARIA
VIA S. FRANCESCO DI PAOLA
VIA VILLANI
VIALE PETRARCA
VIA DEI SERRAGLI
VIA ROMANA
BELLOSGUARDO
VIA DEL CASONE
カゾーネ通り
ヴィラーニ通り
モンティ通り
VIA V. MONTI
GIARDINO DI BOBOLI
ボボリ庭園
PORTA ROMANA
ローマ門
VIA UGO FOSCOLO
ウーゴ・フォスコロ通り
トスカネッラ通り
VIA TOSCANELLA
QUATTRO LEONI
BOTTEGA DEGLI
14
2
CAFFÈ DEGLI ARTIGIANI
POSTE ITALIA
S. SPIRITO/OLTRARNO

アルノ川の南は比較的新しく（とはいっても十四世紀ごろの話だが）フィレンツェの町に加えられた地区だということはレップッブリカ広場のところで書いた。アルノ川の向こう側という意味でオルトラルノと呼ばれたりもするし、昔フィレンツェが四つの地区に分かれていたときの名称はサント・スピリトで、今でも古式サッカーのときにはそれが使われている。この地区はさらに三つの地区に分けられる。東側がサン・ニコロ、中央がサント・スピリト、そして一番西側がサン・フレディアーノである。「サン」とか「サント」とかついていることからもわかるように、中心となる教会の名がそのまま地区の名前になっているわけである。

ポンテ・ヴェッキオを渡ると、オルトラルノの観光の目玉とも言うべきピッティ宮殿へ向かうグイッチャルディーニ通りがまっすぐに続いている。この道は日曜日もほとんどの店が開いていて、いつもにぎやかである。ただでさえ歩道の幅に比べて通行人の数が多すぎるほどなのに、その大多数が観光客ときているから、もうたまったものではない。土産物屋の前で立ち止まってウィンドーをのぞいたり、アイスクリームをなめながら車道をブラブラ歩いたり。だから車は渋滞、頭に来たドライバーたちがクラクションを鳴らし……、カオスのような状態が毎日続いている。

サント・スピリト教会の広場で月一回開かれるのみの市。

だが、一歩横道に入るとそこは別世界だ。

オルトラルノはサンタ・クローチェ地区と並ぶフィレンツェの下町である。第二次世界大戦中のフィレンツェの生活が描かれている『十五歳のパルチザン』という本に、

「サン・フレディアーノは前の世紀から泥棒が住む地区として知られていた。多くのフィレンツェ人にとって、オルトラルノというのは絶対に足を踏み入れたくない場所だった。そして、こちらに来ることを用心深く避けている人が数年前（この本が出版されたのは一九八四年）まで実際にいた」

と書かれているが、ぼくもはじめてオルトラルノの裏町に入ったときには、突然違う町に迷い込んでしまったような不安な気分になったものだ。だが、実はオルトラルノにこそほんとうのフィレンツェの姿が残っている。

ぼくは今の家に引っ越す前の三年ほど、グイッチャルディーニ通りと平行するトスカネッラ通りに住んでいた。それまでは、フィエーゾレのさらに奥の、まわりをオリーヴ畑に囲まれた一軒家、窓からドゥオーモが手に届くほど近くに見えるフィレンツェの中心部の家、郊外の新興住宅地など、引っ越しを何度も繰り返していろんなところに住んだが、フィレンツェに腰を落ち着けようと真剣に思い始めたのはトスカネッラ通りに住むようになってからだった。それほどオルトラルノが気に入ってしまったのだ。ぼくのアパートは第二次世界大戦後に建てられた、フィレンツ

サント・スピリトののみの市には骨とう品、手作りの工芸品、近郊の農家で作られる食品などの露店が並ぶ。

ェの中心部には珍しく新しい建物で（それまでのものはドイツ軍によって爆破されてしまった）、エレベーターまでついていた。日本のワンルーム・マンションのような狭さの部屋に、黄色で統一されたモダンな家具が置かれていたのだから、家にいる限りでは東京にいるのとあまり変わらなかった。だが、一歩外に出ると、そこはまさに古きよき時代のフィレンツェだった。銀器磨き、時計修理、家具修復、美術品修復、額縁作り、鍛冶屋、寄せ木細工などの職人の小さなボッテーガ（工房）がずらりと並んでいる。そして、その名も「カッフェ・デリ・アルティジャーニ（職人たちのカッフェ）」というバールがあり、汚れた仕事着を着たまま手を休めにやって来た近所の職人たちが、エスプレッソを飲みながら雑談している。彼らは俗に「サン・フレディアーノ弁」と言われるフィレンツェの下町言葉で話すから、標準語しか知らないぼくにははじめのうち何を言っているのかよくわからないこともあったが、だんだん話に加わることができるようになり、ボッテーガに遊びに行ったりもするようになった。

　トスカネッラ通りの職人はみんなユニークな人たちである。仲間たちから「世界一変人の時計屋」と呼ばれるジョヴァンニは、仕事がひまなときにはボッテーガの前でしかめっ面をして空を眺め、通りかかる人に議論を吹っかけたりしているが、実は物まね名人で、トト（イタリアのチャップリンと言うべき喜劇役者）のまねをさせたら彼の右に出る者はない。

トスカネッラ通り。一見ごみごみした裏町だが、ぼくがフィレンツェでいちばん好きな場所。

鍛冶屋のプッチョは国会議事堂の照明の装飾なども手掛けた超一流の職人だが、アーティストとしての才もあり、道楽で作り始めた鉄のオブジェが今ではすっかり有名になってしまった。あるときプッチョに「カッフェ・デリ・アルティジャーニ」でコーヒーをおごったことがある。その数日後、彼のボッテーガの前を通りかかると、プッチョが、

「ちょっと寄っておれの仕事を見ていけ」と言う。彼はバーナーとヤットコを使って、風をはらんで大海原を進む帆船をあっという間に作り上げ、「このあいだのお礼だ」とプレゼントしてくれた。

ぼくのアパートの大家、フランコ・フランキさんは金細工職人である。彼はポンテ・ヴェッキオのたもとにある「カーザ・デリ・オーラフィ（金細工師の家）」という、金細工師のボッテーガばかりが集まった建物の一室を仕事場にしていたが、一九九三年五月二十七日の爆弾テロ事件で壁や天井が崩れて使えなくなり、現在はサント・スピリト通りに移っている。金細工師というのは高価な金や宝石類を使う仕事だから、店を兼ねている場合は別として、通りに面してボッテーガを構えるということは少なく、たいていは普通のアパートの中で扉にカギをかけてこっそり（？）と仕事をしている。ぼくのアパートの建物にも金細工師のボッテーガが二つあった。ぼくの部屋も元はといえばフランコが仕事場にするつもりで買ったのだが、いざとなると父親の代からの「金細工師の家」から離れがたく、また仕事場には少

金細工職人のフランキさん。ぼくはトスカネッラ通りにある彼の貸しアパートに住んでいた。

し狭すぎるということもあったので、娘さんたちの学費やボッテーガの家賃の足しにするために貸すことにしたのだそうだ。

フランコはバーニョ・ア・リーポリというフィレンツェ郊外の町に、体格のいい奥さんのイヴァーナと美人の二人の娘と一緒に住んでいる。イタリア人には珍しいくらい無口だが、昼間はいつも一人っきりで仕事をしているのだし、家に帰っても元気のいい女性三人に圧倒されて口をはさむ間もないのだろうから、そうなるのもあたりまえかもしれない。ちなみに彼の趣味はキノコ採りである。ポルチーニという、イタリアでは松茸のように珍重されるキノコのシーズンになると、休日には夜明け前に起き出し、一人車で秘密の場所へ出かけるのだそうだ。そして泥だらけになって戻ってくるのだが、黙ってイヴァーナに差し出す袋からはポルチーニの何ともいえない香りが漂っている。夕食はポルチーニのサラダ、ポルチーニのタリアテッレ、ポルチーニのステーキ……、ポルチーニのフルコースというわけだ。ぼくらもお呼ばれにあずかったことがあるが、さすがは採れたて、イヴァーナの料理の腕も加わって、レストランで食べるのとは比べものにならないほどおいしかった。

三年ほどぼくはトスカネッラ通りで暮らした。昼ごはんは通りの『クアットロ・レオーニ（四匹のライオン）』というトラットリアで職人さんたちと相席で食べるのがほとんど習慣になった。テーブルクロスは赤いチェックのビニール製、紙ナプキンに不揃いのナイフとフォーク、薄汚れた壁にへたな絵が掛かっているこのトラ

サント・スピリト地区には家具の修復工房が多い。彼は職業学校で、修復技術を教えている。

ットリアは、「大衆食堂」という日本語がまさにぴったりの店で、もちろん値段はフィレンツェ一安かった。味のほうは、パスタがゆで過ぎというほとんど致命的ともいえる欠点はあったが、ゆでるかローストするかの素朴な肉料理は、値段の割にとてもおいしかった。雄鶏、雌鶏、去勢雄鶏、七面鳥、ホロホロ鳥と鳥肉料理の種類が豊富で、ぼくはゆでた雌鶏が好きだった。今の家に移ってからもときどき昼ごはんを食べに行っていたのだが、残念なことに最近経営者が変わり、由緒ある名前だけはそのままながら、インテリアもメニューもすっかり模様替えした。パスタ料理はおいしくなったが、その分値段も上がったから、近所の職人さんたちの足は遠のき、下町の雰囲気を売り物にしたいささかスノッブなレストランになってしまった。

ぼくはできることならずっとこのトスカネッラ通りを離れたくはなかったのだが、何しろ部屋が狭い。いくら男の一人暮らしとはいえ、荷物は少しずつ増えていき、ついに収容しきれなくなった。そこでもう少し広いアパートに移ることにした。まず『クアットロ・レオーニ』の常連たちに、トスカネッラ通りに空きアパートがないかたずねてみたが、一つもないと言う。しかたがないので条件を緩めてオルトラルノ全体に範囲を広げて捜すことにした。アパート捜しの顚末を書いていたらそれだけで一冊の本になってしまいそうだから、ここでは省くことにするが、とにかくたいへんな苦労の末、今の家が見つかったのである。

額縁職人の跡取り息子。中学を卒業して父親のもとで修行中。

今ぼくはオルトラルノの最西端、サン・フレディアーノに住んでいる。昔はピサ方面からフィレンツェへの入り口だったサン・フレディアーノ門を入ってすぐのところで、引っ越したばかりのころは町の中心からひどく離れてしまったような感じがした。だが、暮らし始めてみると、とてもいいところだということがわかった。

マザッチョのフレスコ画で有名なカルミネ教会から三、四分の場所なのだが、ここまではよほどの方向音痴でもなければ観光客はまずやってこない。昔は貧しい人たちが住んでいたところで、怪しげな職で生計を立てている人も多かったらしい。フィレンツェの町にガス灯がつけられたとき、この界隈のガス灯はすぐに壊されてしまったという話も聞いた。町が明るくなっては都合の悪い商売の人たちの仕業だった。ぼくの家の前には古い家具の倉庫があり、ときどき大きなトラックが停まって、ほこりをかぶったタンス、本棚、机などが運び込まれているが、当時の盗品倉庫の名残なのかもしれない。今ではもちろん夜中にこっそりやっているわけではなく、トラックが着く日にはフィレンツェじゅうの骨董商や古道具屋さんが集まってきて、掘り出し物はないかと目を光らせている。

『十五歳のパルチザン』には、

「サン・フレディアーノを通りかかることがあると、サン・ジョヴァンニ通りの『ニッコリーノ』という大衆食堂に寄った。そこは泥棒や闇屋のたまり場だった」

というくだりがあるが、ぼくはそのサン・ジョヴァンニ通りに住んでいるのだ。残

ピサ方面からフィレンツェへの入り口、サン・フレディアーノ門。

念ながら「ニッコリーノ」はぼくが来たときにはもうとっくになくなっていたが、サン・フレディアーノには今でもいいトラットリアがたくさんある。

観光客の多い地区のレストランはどうしても料金と味のバランスが悪いほうに崩れがちである。いつだったか、ガイドブックなどではでに宣伝している、シニョリーア広場に面したあるレストランに連れていってもらったことがある。フィレンツェ名物のビステッカ・アッラ・フィオレンティーナ（フィレンツェ風ビフテキ）のルコラ（苦みのある草）添えを注文したのだが、ぼくはあとにも先にもあのときほどまずいビステッカを食べたことがない。肉はパサパサ、ルコラは黄色っぽくなっていた。ウェイターだけが妙に愛想がよく、片言の日本語を話したりするからよけい頭に来た。もちろんこれは極端な例だが、チェントロ（中心部）のレストランは値段の割には味がいま一つ、という場合が多いことは確かなのだ。そして、チェントロから外に向かうにつれて安くておいしいレストランが増えていく。今やフィレンツェのグルメたちは車に乗って郊外へ遠征するのだそうだが、そういう人たちにとってサン・フレディアーノは市内に残った数少ない砦のような場所になっている。

保守的だと言われるイタリア人の食生活だが、それでも少しずつ国際化の波は押し寄せている。以前はフィレンツェにはイタリア料理（それも数軒の魚料理専門店を除けばほとんどがフィレンツェ料理）の店しかなかったが、まず中華料理店が急増し（ぼくが住み始めた一九八三年には市内に四軒くらいだったが、今では三十軒

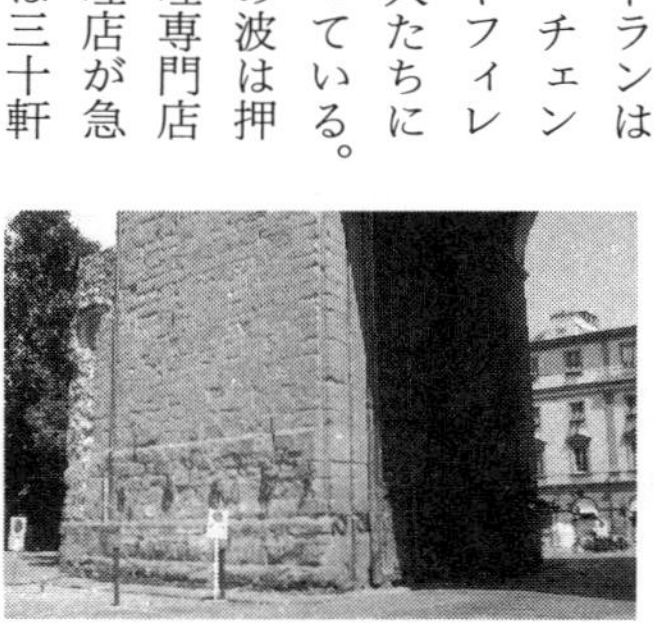

サン・フレディアーノ門には馬をつなぐ鉄の輪が今も残っている。

以上に増えている)、安い料金でたっぷり食べられるために若い人を中心に完全に定着した。そのほかにも日本料理店(二軒あるが、お客の多くは日本の観光客で、値段が高いことや生魚に対する抵抗感のため、イタリア人に浸透しているとは言えない)、インド料理店、ヴェトナム料理店、メキシコ料理店などもできた。ハンバーガーが若い人に人気なのは万国共通だが、フィレンツェではいわゆるファスト・フードに対する風当たりが強く、市内に数軒あるハンバーガー・ショップでは、ハンバーガーだけでなくスパゲッティも売ることが義務づけられているらしい(マクドナルドにいたってはハンバーガーを販売しないという条件で出店が許可された、という話は前に書いた)。

ところで、わが家の近くに「ヴィネージオ(見えっ張りなワインという意味の合成語)」という名の、三十人も入れば満員になってしまう小さなトラットリアがある。この店の変遷はフィレンツェ人の食に対する好みの移り変わりを物語っているようだ。

この店がオープンしたのは、ぼくがサン・フレディアーノに引っ越してきたのとほとんど同時だった。店の名前は「パイオラッチョ(オンボロ鍋)」といい、正式にはレストランではなく、会員制クラブだった。レストランの営業許可を新規に取るのはとても難しく、比較的簡単に許可の下りる会員制クラブとして営業を始める店が多かったのだ。「パイオラッチョ」は、昔は貧しい人たちの食べ物だった内臓料理の種類が豊富で、味も料金も庶民的なフィレンツェ料理の店だった。

はじめて行ったときのことだ。店に入るとカメリエーレ（給仕）のおじさんが、「ベンヴェヌート！　シニョール・ナカジマ（中嶋さん、ようこそ）」と迎えてくれるではないか。びっくりしてしまったのだが、よくきいてみると、彼、マリオさんはうちの向かいに住んでいて、名前は表札を見て覚えたのだそうだ。そればかりではなく、ぼくがワープロを打って仕事をしていることまでどういうわけか知っていた。「パイオラッチョ」は中年男が三人でやっていて、マリオさんが客席担当、あとの二人は厨房にいた。最初のうちは大繁盛で、特に昼食時はいつも近所の職人さんたちで超満員、晩も予約なしでは入れないことが多かった。

そのうちに、事情はわからないがマリオさんがやめ、もう一人の太ったおじさんもいなくなり、白髪混じりのコックで経営者でもあるブルーノさんだけになってしまった。ブルーノさんの奥さんで、まさに元気のいい下町のおばさんの典型といったマリーナさんがウェイトレスとして働き始めた。ぼくも妻も（ちょうどそのころぼくたちは結婚した）「パイオラッチョ」の家庭的な雰囲気が好きだったし、ブルーノさんの料理もおいしかったのだが、なぜかお客の数はだんだん減っていった。そして突然、「改装のためしばらく休業」という張り紙がドアに出された。

それから「パイオラッチョ」の苦難の歴史が始まる。まず、やり手そうなフィリピン女性と組み、フィレンツェ料理とフィリピン料理が一カ所で味わえる店として

ぼくたちが住むサン・ジョヴァンニ通りの額縁屋さん。

再オープンする。保守派と新しいもの好きの両方をねらったのだろうが、中途半端でどちらからもそっぽを向かれ、失敗。また元のフィレンツェ料理専門店に戻るが、一度失った客を取り戻すことはできず、ついにブルーノさんは店を手放してしまった。

新しいオーナー兼シェフは、厨房から客席まで一人で切り盛りした。一応アルバイトのウェイターはいたのだが、店に来るのはいつも一番忙しい時間が過ぎたころだったのだ。だから、店に入ってから最初のオーダーまでに十分、ワインと水が運ばれるのがそれから五分後、パスタが食べられるのはさらに十五分後……、といった調子で、のんびりしたイタリア人でさえイライラし始める。味はとてもよかったのだが、サービスに問題があってこれも失敗。

次の経営者は六十代のおしゃれな人だったが、経営方針を百八十度変えて魚料理のメニューを増やした。フィレンツェには魚料理の専門店がいくつかあるが、だれでも気軽に行けるような値段ではない。それをサン・フレディアーノという場所にふさわしい料金で、というのはいいアイデアだったと思う。コックさんの腕もよく、魚介類のスパゲッティなどとてもおいしかった。ただ、お客に若い男だけのグループが圧倒的に多く、ぼくは鈍感でまったく気づかなかったのだが、その筋に詳しい女性の観察によると、どうもオーナーが同性愛者で、同好の士のたまり場のようになっていたらしい。フィレンツェはこの方面では有名なのだ。どういういきさつが

わが家の窓から見たサン・ジョヴァンニ通り。ウナギの寝床のように間口が狭いアパートばかりの庶民的な町。

あったのかは知らないが、いつの間にかオーナーは店に顔を出さなくなった。

そして、またまた「改装のためしばらく休業」の張り紙が出されたと思ったら、「ヴィネージオ」と名前も変えて心機一転、ワインの種類が豊富なプーリア（イタリア南部の州）料理専門店として再々オープンした。遠く離れた地方の料理もイタリア人にとっては外国料理みたいなもので、フィレンツェにもサルデーニャ料理、シチリア料理などの専門店がエスニック料理の店と並んでぼつぼつ増えてきているところなのだ。経営しているのはシンパーティコ（感じのいい、好感の持てる、魅力的な、好ましい、気持ちいい）という言葉がぴったりなプーリア出身の若い兄弟である。今度こそ長続きしてほしいものだ。それにしても、ぼくら夫婦ほど「パイオラッチョ」の変遷の全段階を通じて足しげく通った客はほかにはいないんじゃないかと思う。

またまた『十五歳のパルチザン』に、

「ぼくらの隠れ家の窓は人通りの多いキエーザ通り（サン・フレディアーノにある通りの名）に面していて、職人のボッテーガや家々の扉が見えた。扉の前には『サン・フレディアーノの女たち』が座って椅子のワラ張りや刺繍の仕事に精を出していたから、昼間は窓を半開きにしていれば、いろいろなグループの間で飛び交う会話を通じて、道で起きていることがすべて手に取るようにわかった。彼女たちはぼくらの見張り役を事実上務めてくれていたわけで、ファシストが一人でも通り

多くの変遷を経た大衆食堂「ヴィネージオ」。現在はプーリア出身の兄弟の経営で大繁盛。

に入ってこようものなら、そのニュースはたちまちぼくらの耳に届いたのだ」というくだりがある。これはかつてはサン・フレディアーノのどの通りでも見られた光景だったらしい。だが、残念ながら椅子のワラ張りをする女性はサン・フレディアーノから消えてしまった。数年前までは一人だけいたのだが、仕事場兼アパートの家賃の値上がり、それに車が増えて道で仕事をすることがとても無理な状態になったため、郊外に引っ越してしまったのだ。

だが、「サン・フレディアーノの女たち」はまだまだ健在である。数年前、子供たちの遊び場である近所の広場が麻薬患者のたまり場になったとき、まず最初に立ち上がったのは女性たちだった。ビラを配り、抗議集会を開き、交替で夜の広場をパトロールし、ついに自力で広場を子供たちの手に取り戻した。サン・ジョヴァンニ通りでは、夏になると夕食をすませたおばさんたちが椅子を持って三々五々、通りのちょうどまん中あたりの家の前に集まり、真夜中近くまで毎晩のように井戸端ならぬ道端会議が行われる。昔はフィレンツェじゅう、どこの通りでも見られた風景だったらしいが、いまやこのあたりにしか残っていない夏の風物詩である。どんなことが話されているのか、一度参加してみたい気はするのだが、そこは遠慮しておくのがよそ者の礼儀というものだろう。

ミケランジェロ広場

街を見下ろす散歩道

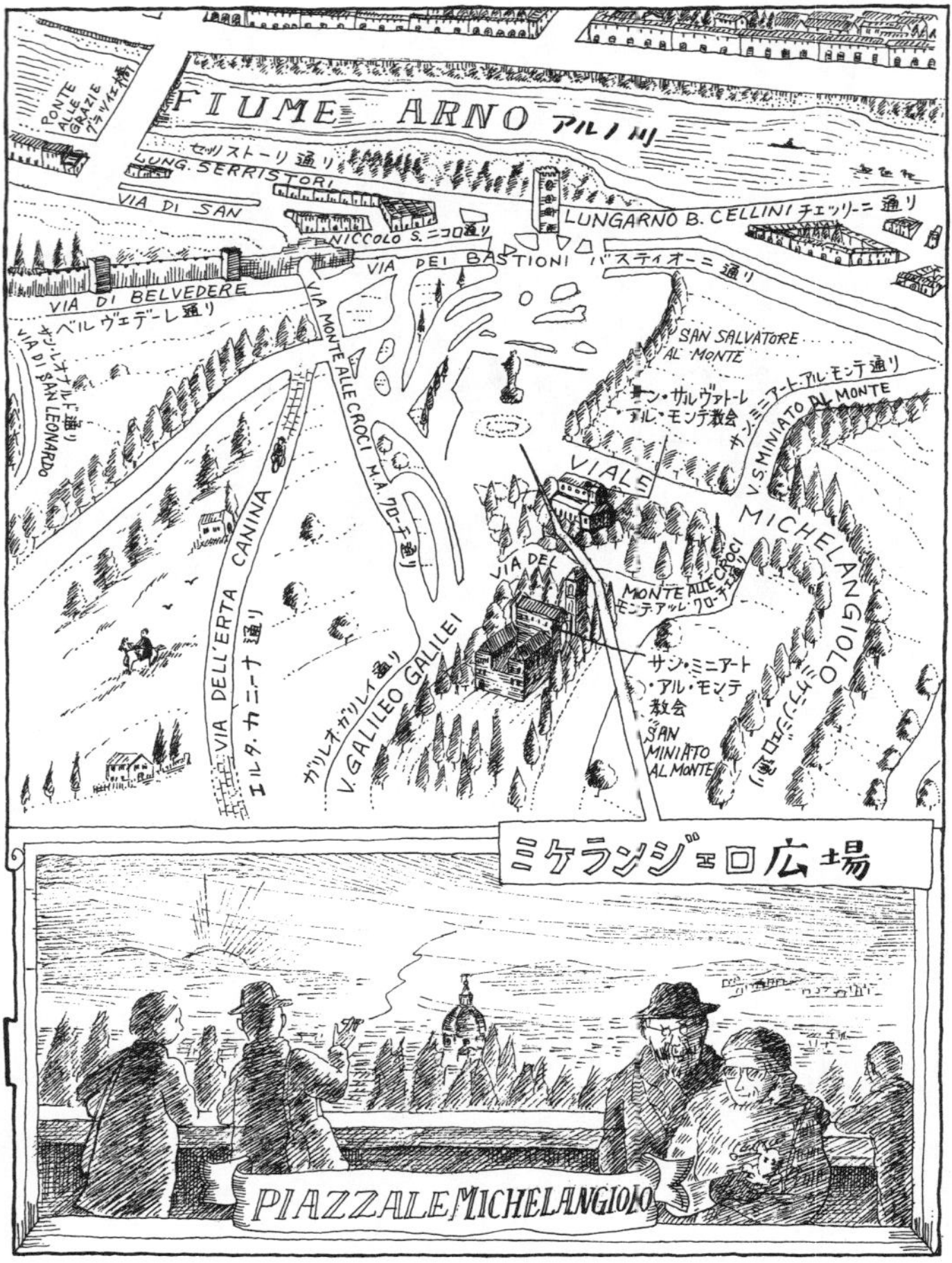
FIUME ARNO
アルノ川
PONTE ALLE GRAZIE
グラツィエ橋
セッリストーリ通り
LUNG. SERRISTORI
VIA DI SAN
NICCOLO S.ニコロ通り
LUNGARNO B. CELLINI チェッリーニ通り
VIA DEI BASTIONI バスティオーニ通り
VIA DI BELVEDERE
ベルヴェデーレ通り
サン・レオナルド通り
VIA DI SAN LEONARDO
VIA MONTE ALLE CROCI
M.A.クローチ通り
SAN SALVATORE AL MONTE
サン・サルヴァトーレ・アル・モンテ教会
サン・ミニアート・アル・モンテ通り
V.S.MINIATO AL MONTE
VIALE MICHELANGIOLO
VIA DEL MONTE ALLE CROCI
モンテ・アッレ・クローチ通り
サン・ミニアート・アル・モンテ教会
SAN MINIATO AL MONTE
V. GALILEO GALILEI
ガリレオ・ガリレイ通り
VIA DELL'ERTA CANINA
エルタ・カニーナ通り
ミケランジェロ広場
PIAZZALE MICHELANGIOLO

五月に入ると、ここフィレンツェの町ではとたんに太陽の輝きが勢いを増し、人々は待ってましたとばかりに夏支度を始める。中でも最も用意周到なのは、ビジネス・スーツに身を包んだキャリア・ウーマン風の女性たちだ。週末に海で日光浴でもしたのだろうか、それとも巷で見かける日焼けサロン？　サングラスの下に隠された肌はいつのまにか輝くばかりのブロンズ色に変わり、それまではいていた黒っぽい色のセクシーなストッキングはタンスにしまわれ、これまたみごとなブロンズ色の素足がすっきりとローヒールのパンプスの中に収まっている。

つまり、一斉に服装が涼しげになるといった変化ではなくて、肉体そのものが夏らしく変わっているのだ。おしゃれ自慢の彼女たちにとって、自分自身の素肌で季節感を出すというのはある種の快感が伴うらしい。だから、そのためにはどんな苦労もいとわない。アーウィン・ショーの短編に『夏服を着た女たち』というニューヨークを舞台にした作品があったが、イタリアに来た私の場合、こんなブロンズ女性を見かけるときに、夏の到来を視覚的に感じるようになった。

さて、そろそろ周囲もヴァカンスの話題でにぎやかである。

「六月中はずっと子供たちと海の別荘に行くことにしているから、何か仕事が入ったらそのあとにしましょうね。七月、八月はずっと家にいるから連絡してね、チャオ、チャオ」

友人のシルヴィアは今から海に行くのが待ちどおしくてたまらないようだ。フィレンツェ大学の日本語学科を卒業した彼女は、六歳と四歳の男の子がいる元気なお母さんだが、週に三日は実家の仕事を手伝いに行き、ときおり日本の学術論文の翻訳も引き受ける。そのときはわが家に書類を持ってきて一緒に仕事をするというわけだ。

ご主人抜きで一カ月間もヴァカンスが楽しめるとは何とも優雅だが、期間の長短はさておき、このような母子休暇は決して珍しくはない。日本と同様、いやそれ以上に経済事情が厳しくなったイタリアでは、七月、八月といえども休暇を返上して働く商店主が増えている。ヴァカンスでお金を使うより店を開けてるほうがいいんじゃないか、八月のフィレンツェには観光客がわんさと来ることだし、ということに彼らも気づいたらしい。

ところが学齢期の子供たちは六月中旬から三カ月もの長い夏休みが始まるので、早いところどこかに連れて行かなければ、ストレスがたまってとても身が持たない。ちなみにイタリアの学校の夏休みは世界一長い。さらに選挙があると、投票所として使われる学校は投票日だけでなく準備中もお休みになるという不思議なシステムが存在する。そのためヨーロッパ議会の議員選と総選挙、一部の市長選が連続して

中央にダヴィデ像のコピーがそびえるミケランジェロ広場。

六月に実施された九四年は、終業式がいっそう早く繰り上げられ、保護者たちからの抗議が続出したという話だ。政府も反省したのだろう、九五年には秋の新学年の開始を一週間ほど早めると発表した。すると今度は保養地のホテル業者や教師の猛反対にあった。という次第で、いろいろゴタゴタはあるが、夫を町に残してとにかく一足先に妻と子供は海、山、田舎へとヴァカンスに繰り出すのだ。

こういう夫たちが社会現象になったのを皮肉ってか、それとも激励するためか、数年前、その名もズバリ『マリーティ・イン・チッタ（町に残る夫）』というテレビ番組が放映された。内容は特にどうということはない。ヴァカンスで妻が家を空けたと仮定して、どれだけ回答者（夫たち）がアイロンのかけ方など家事について知っているかを競い合うゲームだったのだが、主夫コンテスト（オリジナル料理、家事の手際よさなどが厳しく評価される）なるものがまじめに開催されるイタリアならではの娯楽番組だった。

というわけで、夏のフィレンツェには多くの夫たちが町に残されている。またシルヴィアのようにヴァカンスを一足先に済ませて、その代わりに七月、八月に働く人も大勢いる。フィレンツェでは八月に気温が四十度を越えることも珍しくなく、また盆地だから、一般的に日本よりはずっと乾燥しているイタリアとしては蒸し暑い。一般家庭にはクーラーなどという代物はまだお目見えしていない（エアコン付きの車が最近ようやく宣伝されはじめたばかりだ）。彼らはどうやってこの暑さを

観光客ばかりでなく、地元の若者もバイクに乗ってやって来る。

切り抜けているのだろう?

七月のある週末の夕方を例にとろう。といってもここでは九時、十時ごろやっと日が沈むので、日本でいう夕方の感覚とは大幅にずれている。レストランで気のおけない友人たちと食事をしたあと、誰からともなく「ミケランジェロ広場までドライブしようか」という声が上がる。そう、ここは地理的にもフィレンツェ旧市内からいちばん近く、丘の上で手軽に夕涼みのできる絶好の場所なのだ。

ところが、やはり週末の夜なんてミケランジェロ広場には行くもんじゃない。イタリア人のカップルと私たち夫婦がこのコースを選んだときは、すでに夜の十二時近くだというのに、広場は芋を洗うような大混雑。さすがに土産物店はもうしまっていたが、アイスクリームや飲み物を売る屋台が二、三軒まだ開いていて、バイクで登ってきた若者のグループが大騒ぎ、さながら田舎の夏祭りか縁日のようだった。もっと早い時間だったら、ドゥオーモやヴェッキオ宮殿がライトアップされていて美しいのだが、さすがに真夜中ともなるとライトは消えていて夜景を見ても面白味はなく、ほうほうのていで帰路を急いだ……。もっとも、そう思ったのは私だけだったのかもしれない。暑がりで汗っかきの夫はひんやりした夜風にあたって満足気だった。イタリア人カップルのほうは、人込みにうんざりするどころかお祭り気分を満喫するようにはしゃいでいた。

一方、昼間のミケランジェロ広場はというと、大型観光バスが何台も押し寄せて

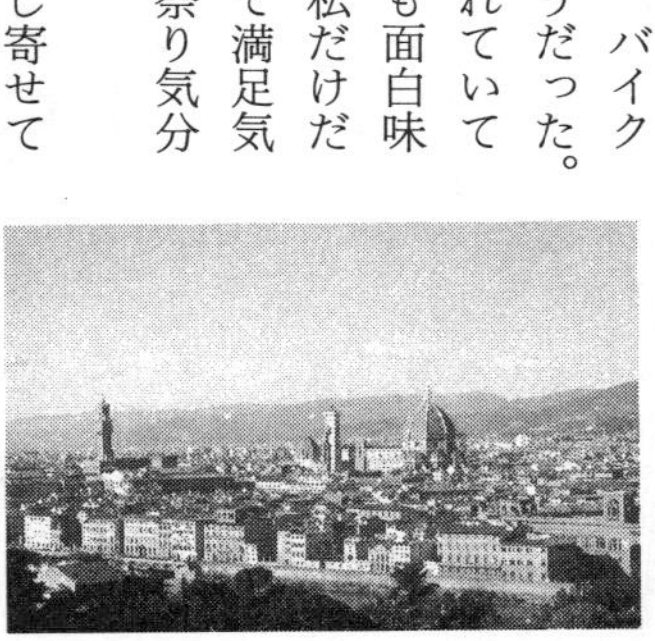

この街を訪れる観光客なら誰でも一枚は撮っていく定番の「フィレンツェ眺望図」。

きては去っていく。そのわずかな停車時間中に、団体客はあたふたとカメラを握っては、背景がいちばん効果的に入る位置を探し、ポーズを取らせてシャッターを切る。残念ながらそれの繰り返しといっていいくらいの無味乾燥とした広場だ。旧市内のどんな観光名所でも、地元の人たちが談笑していたりして、どことなく生活実感がうかがえるのだが、昼間のこの場所にはそれが何もない。最近、バスが増え過ぎて広場の唯一の売り物であるフィレンツェ市の見晴らしを妨げている、という声が高まり、大型観光バスは広場から締め出されることになりそうだとか。

この広場は一八七三年、ジュゼッペ・ポッジが総指揮をとった都市計画の一環として作られた。これでパーフェクトな観光都市フィレンツェができあがったといっていいだろう。なぜなら、ミケランジェロ広場と周辺の並木道ができるまでは、あの赤茶色の屋根瓦で覆われた花の都を一望に見渡すことなど、普通の観光客にはほとんど考えの及ばなかったことだからだ。広場の設計も、シンプルさを極めたモダンな発想が当時としてはよかったのだろう。だが今となっては、だだっぴろい駐車場と化した空間のまん中にダヴィデ像のコピー（台座に飾られているのはメディチ家霊廟の四寓意像のコピー）が周囲を見下ろすようにどっしりと立っているだけで、憩いが目的の広場としてはやや物足りなさを感じてしまう。

しかし、この広場からの美しいパノラマ風景を見ずしてフィレンツェを見た、といってもお話にならない。自由行動のできる滞在であれば、ぜひサン・ニッコロ門

ミケランジェロ広場はコンクリートだけで味気ないが階段下の小広場には花壇があって楽しい。

から石段をてくてく上って行くなり、市内を循環するバス（十二番と十三番、この二線は逆方向に回っている）に乗るなりして、ゆったりと過ごせる時間を作ってほしい。あなただけにしかわからない発見が必ずあるはずだから。

あまりにも名前が有名なためにこの章のタイトルを「ミケランジェロ広場」としたが、実はこの広場につながる小道、文字どおりの散歩道にとても趣のあるものが多い。他人には教えないで自分だけの秘密にしておきたい、そんな小道がフィレンツェの人なら誰にでも一つくらいはあるのではないだろうか。

そんな一つが知る人ぞ知るサン・レオナルド通りである。あるときイタリア人の友達に車に乗せてもらったとき、ほんのついでに通った道。車が一台やっと通れるほどの細い小道だが、その両側の壁一面に、不思議な象形文字のような模様がびっしりと彫り込まれていた。

「ここはおれたちの秘密の道さ。古代人か、さもなくば宇宙の彼方から降り立ったやつが残していった暗号みたいだろ。ファンタスティコ！　もしそうだったらおもしろいんだけどね」

「ほんとうは誰がこんな絵を書いたの？」

「もちろん壁塗り職人の仕業だよ。フィレンツェ市内や近郊、フィエーゾレなんかの道にはこんな壁がけっこうたくさん残ってるんだ。ここのはわりと古くて、十七世紀ぐらいかな。詳しいことはおれもよく知らないけどね」

車は壁の模様がいちだんと鮮やかな場所で速度を緩め、それから急にスピードを上げて人通りのない坂道を降りていった。

数カ月して今度はじっくりと壁の模様を眺めようと思い、私はこの小道に戻ってきた。丸、三角、波、唐草、魚の鱗、あらゆる種類の模様が、どれもきれいな三本線で描かれている。もしかしてフォークを使ったのでは、という楽しい空想も生まれる。この壁について熱心に研究している人もいて、洗礼堂やサン・ミニアート教会のビザンチン式モザイク模様との共通点も多く発見されたそうだ。だがどうして無名の職人たちが限られた地域にだけこんな遊び心を発揮したのか、真相はわからずじまいである。

サン・レオナルド通りのもう一つの特徴は、町にいながらにして田舎の気分が味わえるということだろう。ゆるい坂道を上って行く途中で、糸杉の林とオリーヴ畑で彩られたトスカーナ田園地帯をミニチュア化したような光景がいく度も目に入る。あたりはしんとして静寂そのものだ。「田舎の一軒家に住みたいけれど、都会の便利さも捨て難い。このあたりに家を買えると快適だろうな」とフィレンツェに住む人なら一度はここでの生活を夢見るだろう。だがこの一帯に並んでいるお屋敷はヴィッラ・ピアッティ、ヴィッラ・イル・バルドゥッチョといった数百年も続く歴史的な名家のご紋章つきで、おいそれと庶民の手に届く代物ではなかった。残念なことに……。

サン・レオナルド通りには何世紀も前の壁職人が彫った幾何学模様が残っている。

しかし、これらのヴィッラの持ち主は芸術擁護についてはきわめて熱心だったらしく、多くの画家、作家、舞台俳優らにスタジオを提供していたようだ。イタリアびいきだったチャイコフスキーが滞在したというヴィッラもある。

ここに滞在せしピョートル・イリーチ・チャイコフスキー、
広大なるロシアの平原よりトスカーナの甘美な丘に来たりて、
この二つの土地を彼の永遠なるハーモニーの糧とす。

という碑文がそのヴィッラの壁にひっそりと掲げてあった。ところで、彼にはフォン・メッヒ夫人という有名なパトロンがいた。数十年間金銭的援助を受け、文通を続けながらも生涯に一度として会うことはなかったとされている。この裕福な未亡人が作曲家のためにフィレンツェの別荘を提供したというエピソードがあるが、あるいはこの家だったのかもしれない。彼は特にフィレンツェの柔らかな春の空気を好んだという。祖国の長く厳しい冬の終わりを待ちわびて爆発するように始まる春よりも。何度目かのフィレンツェ滞在中に『スペードの女王』を完成させたチャイコフスキーは、帰国後、このオペラの一節をモティーフとした美しい弦楽六重奏『フィレンツェの思い出』を一気に書き上げた。

ウォークマンでチャイコフスキーを聞きながら彼の過ごしたヴィッラあたりをゆ

チャイコフスキーも住んでいたサン・レオナルド通り。

ったり散歩というのも『名曲アルバム』みたいで気分がよさそうだ。だが一つご注意申し上げたいのは、この道、意外に車の量が多いのだ。見通しの悪いカーブでも容赦しないイタリア人ドライバーのスピードには肝を冷やす。車の姿が見えなくても、前方からエンジンの音が耳に入ったらとっさに脇にそれるのが賢明というものだろう。くれぐれもご用心を。

さて、ここまでの歩き方だが、ヴェッキオ橋横のコスタ・サン・ジョルジョ通りを上り始めて、ベルヴェデーレ要塞の脇を通るとサン・レオナルド通りに入っていける。だが要塞からつながるもう一本の道、ベルヴェデーレ通りを突き抜けると、今度はミケランジェロ広場から少し上った位置にあるサン・ミニアート・アル・モンテ教会へたどり着く。

フィレンツェに数多くある美しい教会の中でも、群を抜いて人気のあるのがこのサン・ミニアートだ。もちろん白と緑の大理石ですっきりと装飾されたロマネスク様式のファサードもいいが、何よりも丘の上にあるという立地条件の良さ。アルノ川河畔から望むこの教会は、緑の木々に囲まれてモザイク模様がよけいに引き立ち、宝石箱のように見える。数百年前にいったい誰がここまで視覚的効果を考えて建設したのか、心にくい演出だと思う。

サン・ミニアートという聖人の話はご存じですか？　ガイドブックには必ず、フィレンツェ最初の殉教者と記されている。この人自身も人気者だ。時はキリスト教

高台にあるのでファサードの美しさがいっそう映えるサン・ミニアート・アル・モンテ教会。

徒が弾圧されたローマ時代、円形劇場に連行されたミニアートを待ち受けていたのは世にも残虐な拷問の数々だった。溶けた鉛、煮えたぎる油、血に飢えた猛獣……。ところがどんなにひどい拷問を受けても信心深いミニアートの体はかすり傷一つ受けない。しびれを切らした皇帝の命でミニアートは斬首刑に処せられるが、観衆の大歓声の中、彼は転がり落ちた頭を拾い、もう片方の手にランタンを持っておごそかに退場していった。彼はそのままアルノ川を歩いて渡り、丘を上って頂上に着いたところでようやく横たわり、神の元に召されたという。

以上の逸話は、あるベネディクト会修道士によってずっと後になっておもしろおかしく書かれた架空のお話なのだが（実際には川岸で処刑されたという）、これが今でいうベスト・セラーになったため、ヨーロッパじゅうから多額のお布施が集まり、サン・ミニアート教会建設の資金となった。これはうそのようなほんとうの話である。

話は変わって、アメリカ映画『キャリー』の監督、ブライアン・デ・パルマも相当なサン・ミニアートのファンらしい。最近、イタリアの深夜放送でたまたま七〇年代の彼の作品『愛のメモリー（原題は「強迫観念」）』を見て驚いた。妻子を誘拐されて失った男が、妻と出会った思い出の町、フィレンツェに戻って遭遇する出来事から過去の事件がだんだんと解明されていくミステリーだ。その出会いの場所がサン・ミニアート教会なのである。ズン、ズン、ズンとひとコマごとにこの教会の静止画面がクローズ・アップされていく場面もおかしかったが、とりわけ傑作だったのは、妻子のお墓がサン・ミニアート教会のミニチュアだったこと、夢の中の結婚シーンでウェディングケーキがサン・ミニアートの形をしていたことだ。ケーキぐらいならともかく、お墓を教会型に特注するということはアメリカの成金にとっては普通のことなんだろうか。そのあたりはいかに円が強くなったとはいえ、仏教の無常感に知らぬ間に支配されたわれわれの感覚ではとうてい及びもつかないところだ。

それはともかく、ヒロイン役のジュヌヴィエーブ・ビジョルドはなかなかチャーミングだった。彼女がサン・ミニアート教会内部の修復をしているという設定も悪くない。修復家という職業は日本ではそれほど馴染みがないかもしれないが、ここフィレンツェにはイタリアでも屈指の美術修復学校があり、世界じゅうから入学希望者が殺到する。日本人の姿も少なくない。伝統あるサン・ミニアートの壁画に携われるとは、修復家の卵たちにとってもまたとない夢だろう。この修復をしている場面はとてもきれいだったので、機会があればぜひこの映画を見てください。

最後にもう一つ、とっておきの場所をお教えしましょう。サン・ミニアートからほど近く、ミケランジェロ広場から見ると、ちょうどロッジャという名のレストランの後ろ側にサン・サルヴァトーレ・アル・モンテ教会がある。華やかなサン・ミニアートの陰に隠れて目立たないが、ここはミケランジェロが「わたしの美しい田

ミケランジェロが「わたしの美しい田舎娘」と呼んだサン・サルヴァトーレ・アル・モンテ教会。

舎娘」と呼び、愛してやまなかった教会と伝えられる。たしかに、田舎の山道にひっそりと建てられたような素朴な外観を持ち、ファサードはいつも糸杉の緑に覆われて風情のあることこの上ない。さらに、教会へ通じる長い石段は比類ない美しさを持つと一部の書物では絶賛されているのだが、ここへ来て実際に見てみるとその短さに拍子抜けしてしまう。それもそのはず、ミケランジェロ広場と同時期に車が通る並木道が建設されたため、石段がここでいったん遮断されてしまったからだ。

本来のサン・サルヴァトーレ・アル・モンテ通り、つまり教会へ通じる道はそこからさらに下へ向かっている数十段のかなり急な石段のことである。石段の片側には糸杉の木がうっそうと繁り、数メートルごとに規則正しく置かれた素朴な木の十字架、そして苔むした糸杉の樹皮から放たれるあやしいような緑の光。そのしっとりとした光景に懐かしさを感じるのはなぜだろうか。そう、ここは日本のお寺や神社の門前にとてもよく似ている。私の場合、ふと思い出したのが夫の故郷の近くにある長野県は別所温泉のお寺だったのだが、それはいちばん新しい記憶をたどったにすぎない。日本じゅうどこの地方へ行っても目につきそうな石段で、とたんにこの小さな教会に対してえもいわれぬ親しみが湧いてきた。

ダンテもこの石段を非常に愛し、『神曲』の浄火編第十二曲に登場させている。

ルバコンテの上方《かみて》に、めでたく治まる邑《まち》をみおろす寺ある山に登らんため、右

サン・サルヴァトーレに続く石段。キリストの受難を表す十字架が並んでいる。

にあたりて
登《のぼ》りの嶮しさ段《きだ》に破らる（山川丙三郎訳）

彼の生存中サン・サルヴァトーレ教会はまだ建設されていなかったが、サン・ミニアート教会のほうはすでにその優雅さで知られていた。今から六百年も前、ダンテはこの石段を上っていくにつれ町の眺望がじわじわと広がっていくことを発見し、一人歩きのひそかな楽しみにしていたようだ。

しかし、それもポッジの都市計画のおかげですべて台なしにされた。もし熱心なダンテ信奉者が彼に倣ってアルノ河畔から坂道をてくてく歩き、やっとここまでたどり着いたとしても、あの交通量の多い並木道で石段が中断されていては、天国へ続く道もこれまでかと興ざめするに違いない。さらに悪いことに、ミケランジェロ広場から下りてくる観光客がポイポイと投げ捨てたアイスクリームのカップや空き缶がこの石段のあちらこちらに残っている。

そのとき、雨上がりの石段を上ってくる人影があった。裾の長いドレス姿の女性が、バラの花を数本携え、ゆっくりと踏み締めるように歩を進めていく。彼女は石段横に立てられた十字架の前で立ち止まり、キリストの受難を示した「十字架の道行き」の文句を高らかな声で読み上げた。バラを持った腕を大きく広げ、救世主キリストをその胸に抱きかかえるかのように。石段はポッジの並木道で遮られる以前

夕暮れのミケランジェロ広場。外国人の使用人に付き添われて散歩する老婦人。

の姿に戻り、サン・サルヴァトーレ教会まで延々と繋がっているかのように見えてきた。

カンポ・ディ・マルテ

紫に染まるスタジアム

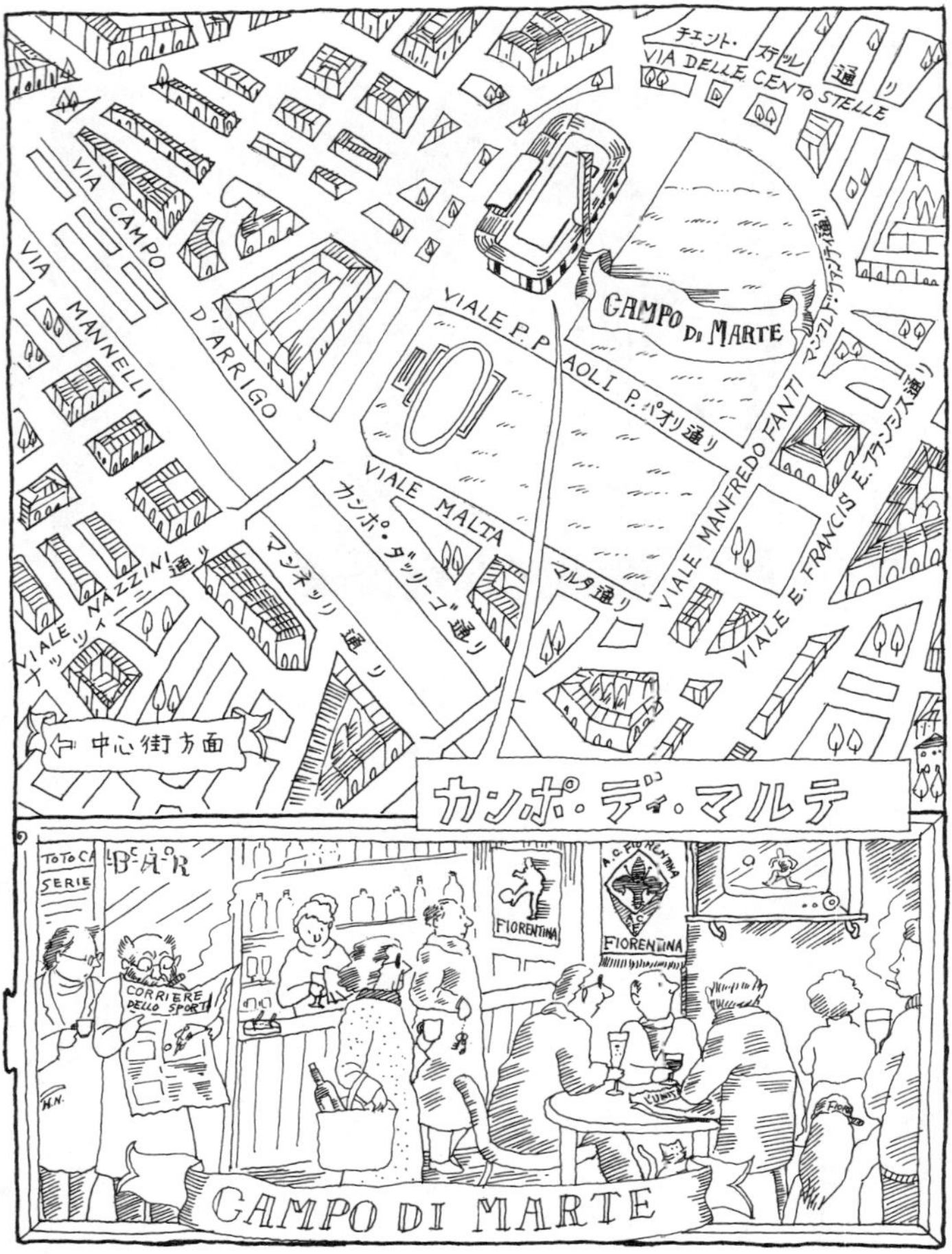
チェント・ステッレ通り
VIA DELLE CENTO STELLE
VIA CAMPO D'ARRIGO
VIA MANNELLI
CAMPO DI MARTE
VIALE P. PAOLI P.パオリ通り
マンフレド・ファンティ通り
VIALE MANFREDO FANTI
E.フランシス通り
VIALE E. FRANCIS
VIALE MALTA
マルタ通り
カンポ・ダッリーゴ通り
マンネッリ通り
VIALE NAZZINI
ナッツィーニ通り
中心街方面
カンポ・ディ・マルテ
TOTOCAL
SERIE
BAR
CORRIERE DELLO SPORT
FIORENTINA
A.C. FIORENTINA
FIORENTINA
H.N.
CAMPO DI MARTE

ローマから国鉄の特急IC（インター・シティ）に乗って約二時間、列車が緑の丘陵地帯からフィレンツェ市内に入ると間もなく、突然青地に白く、FIRENZE CAMPO DI MARTEと書かれた駅の大きな標示板が目に飛び込んでくる。はじめての人はフィレンツェという文字を見てびっくりして、降りそこなっては一大事と、棚から旅行カバンを下ろしたりコートを着たりあたふたするが、そんなことをしている間に列車はたちまちその駅を通過してしまう。前にも書いたとおり、フィレンツェ中央駅の正式名は「フィレンツェ・サンタ・マリア・ノヴェッラ」、まだもう少し先なのである。それに、フィレンツェ中央駅は映画『終着駅』で有名なローマのテルミニ駅などと同じで、線路が行き止まりになっている。だから、機関車を最後尾に連結し直すために停車時間が少なくとも十分近くはあり、列車が駅に停まってから降りる準備を始めてもゆっくり間に合うのだ。

ただし、夜行の長距離列車には「サンタ・マリア・ノヴェッラ」駅は通らないで「カンポ・ディ・マルテ」駅だけに停車するものもあるし、ローマ―ミラノ間やローマ―ヴェネツィア間の「ペンドリーノ（振り子）」と呼ばれる超特急は「フィレンツェ・リフレディ」という、フィレンツェの名を持つもう一つの駅に停まる場合もあるから、一応時刻表で確認だけはしておいたほうがいいかもしれない。

カンポ・ディ・マルテを直訳すれば「マルスの野」。マルスというのはギリシア神話のアレスに相当する古代ローマの戦いの神だから、「マルスの野」といえば戦いの場であり、転じて「練兵場」という普通名詞になっている（パリのシャン・ド・マルスも同じ意味）。フィレンツェの北に広がる原っぱだったこの場所は、第二次世界大戦までは練兵場だったのだ。戦後その広大な敷地にサッカー場、プール、体育館、野球場など、さまざまな運動施設が作られ、今はフィレンツェではカンポ・ディ・マルテといえば運動場の代名詞になっている。そういえば、東京の代々木も昔は練兵場だったはずだ。使われなくなった軍事施設をスポーツ施設に転用するというのはいちばん手っ取り早いやり方なのだろう。どこでも考えることは同じようなものらしい。

イタリアでスポーツといえば、一にサッカー、二にサッカー。とにかくサッカーである。試合は原則として週一回、日曜日だけなのに、スポーツ新聞は毎日ほとんどサッカーの記事ばかりだし、一般紙も試合の翌日の月曜日はスポーツ欄が全体の半分を占めてしまう。もちろんほかにも強いスポーツはたくさんあって、たとえば冬になるとトンバ、トンバとみんな浮かれ出すし、F1のフェッラーリに対する熱狂はもう信仰の域に達していると言ってもいい。五月から六月にかけて行われる自転車のジーロ・ディタリア（イタリア一周レース）、世界選手権で優勝したバレーボール、ヨットのアメリカズ・カップ、オリンピックなど、そのときどきでイタリア人はいろいろなスポーツに興奮するが、それらはあくまでプラスアルファにすぎず、結局のところイタリアでスポーツといえばやはりサッカーしかないのである。

そういえば、日本ではあまり知られていないだろうが、イタリアは野球のレベルもヨーロッパではトップクラスなのだ。国内リーグにはアメリカからの助っ人もいるし、ごくまれにテレビ中継だってある。いつだったか、テレビで野球の試合を見ていたら、

「この選手は日本のカルパ（鯉）というプロのチームにいたときホームラン王を争ったこともある強打者です」

とアナウンサーが話したのでびっくりしたことがあるが、野球のできるところなら世界の果てまでも、まさにバットを抱いた渡り鳥といったところだ。このアメリカ選手の爪の垢を「巨人じゃなきゃイヤダ」などと駄々をこねる日本のプロの卵たちに飲ませてやりたくなった。日本のプロ野球なんてアメリカに比べたらレベルは低いし、試合はこせこせだらだらしてつまらないし、応援ときたら騒がしいだけだし、巨人だ西武だと小さいことを言っていないでもっと広い世界を目指してほしい。どうせ野球をするなら大リーグでというくらいの気概があってもいいんではないかと思う（と悪口を書いていたら、近鉄の野茂がドジャースで活躍しているという話を日本から来た知人から聞いた）。だめでもともと、いざとなればイタリアでだっ

て野球はできるんだから。

どうもぼくは日本のスポーツの島国根性や精神主義のようなものが嫌いで、ついケチをつけたくなってくる。話がそれてしまったが、イタリアのサッカーの一部リーグ（セーリエA）は世界一レベルが高く、野球でいえばアメリカの大リーグなのである。

イタリアはナショナル・チームとしてもワールドカップで三回優勝した世界のサッカー強国だが、とにかくすごいのがセーリエAである。世界じゅうの名選手がほとんど集まっている。サッカーに関心のない人でもマラドーナの名前は知っているだろうと思うが、彼も麻薬問題で出場停止になるまではナポリでプレーしていた。ほかにも、少し前ならフランスのプラティニ、ドイツのルンメニゲ、それに数年前まで日本のJリーグで第二の人生を送っていたブラジルのジーコなど、超一流のプレーヤーがいたし、現在イタリアのクラブに所属する外国人選手の国籍をざっと挙げただけでも、ドイツ、オランダ、イングランド、フランス、デンマーク、スウェーデン、ブルガリア、旧ソ連、旧ユーゴスラヴィア、ブラジル、アルゼンチン、ウルグアイ、コロンビア……、ワールドカップに出場するサッカー強国のナンバー・ワン・プレーヤーはほとんどイタリアのチームに所属していると言ってもいいほどだ。アルゼンチンやブラジルなどはイタリアにいる選手だけでナショナルチームが作れそうである。

サッカーのクラブチーム世界一を決めるトヨタカップが、ヨーロッパと南米それぞれの優勝チームによって毎年十二月に東京で争われるが、南米のチームが勝つことが多い。それは南米のほうがレベルが高いからではなく、選手のやる気がまったく違うのだから当然の結果なのだ。ヨーロッパの一流チームにスカウトされてお金を稼ぐことが南米のサッカー選手の誰もが抱いている夢だから、ヨーロッパでも中継されるこの試合でいいところを見せようと張り切って最高のプレーをするのに対し、激しいリーグ戦たけなわのヨーロッパの選手は、日本くんだりまでやって来てけがでもして、大事な国内リーグを棒に振ったら大変と、ついセーブしてしまうのである。でもJリーグが誕生し、一度引退したような老雄たちの日本での活躍ぶりが世界に知れ渡った現在、「老後は日本でもう一稼ぎ」というのが南米に限らず世界じゅうのサッカー選手の合言葉になりつつあり、ヨーロッパのロートルたちも売り込みのチャンスとばかり張り切るだろうから、白熱した試合を見せてくれるかもしれない。

南米の選手たちにとって、ヨーロッパの中でも特にレベルの高いイタリアでプレーすることが最大の目標の一つであるが、ヨーロッパの選手にとっても同様である。入団記者会見で外国人選手は口をそろえたように、

「世界最高のリーグでプレーできてうれしい」と言う。最高を目指すのはサッカーをする人間として当然だろうが、この言葉にはもっと現実的な意味も含まれてい

チームカラーのマフラーを巻いてスタジアムに向かうサッカーファン。

る。収入のほうもケタ違いなのだ。大量解雇とか国家財政立て直しのための増税とか、イタリアの経済は決して楽ではない。それどころか、新聞には連日「経済危機」という大きな活字が躍っている状態なのに、サッカーチームのオーナーだけは別らしく、気の遠くなるような高額の契約金で世界じゅうからいい選手を買い集めている。その代わり厳しさも世界一で、働きが悪ければどんな有名選手でもすぐにクビになって国へ送り返されてしまう。

フィレンツェにももちろんサッカー・チームがある。名前は「フィオレンティーナ」という。「フィレンツェ娘」とでもいうところだろうか、セーリエAで二回優勝したことのある名門である。日本でも有名なユヴェントゥスは「ビアンコネーロ(白黒)」、ミランは「ロッソネーロ(赤黒)」など、ユニフォームの色がチームの代名詞になることが多く、フィオレンティーナは「ヴィオラ(紫)」とも呼ばれる。

熱狂的なファンのことをイタリア語で「ティフォーゾ」というが、これはチフス患者のこと。伝染力が強く、感染したら直らないというわけで、うまい言い方をしたものだ。医学が発達した現在では、本家のチフスのほうはもはや不治の病ではなくなっているが、カルチョのほうはいまだに一度かかったら治療の手立てはない。ぼくもフィレンツェに来てたちまち感染し、今ではかなりの重症患者である。

こちらではリーグ戦のテレビ中継はないから、日曜日の午後はラジオが頼りとなる。ぼくはラジオ・ブルーというフィレンツェの小さいFM局の、ダヴィデ・グェッタ氏による実況中継を聞いている。どこかの国営放送のように中立を旨とするなどということはもちろんなく、一方的なフィオレンティーナの応援放送だから、味方がゴールしたときには、「ゴール、ゴール、やった、やった、ゴーーール！！！」と何度も絶叫して大喜びするが、相手が得点するとほとんど聞こえないような声で、

「ゴル」と一言だけ。

勝っているときにはおおげさな形容詞を並べてフィオレンティーナの選手、監督、オーナー、観衆、審判などをほめまくるし、負けていて試合終了の時間が近づいてくると、

「もうだめだ、もうおしまいだ」

と哀れな声でつぶやきだす。これが始まるとぼくはたまらずラジオを消してしまう。妻はそんなのは真のファンのするべきことではないと言うが、フィオレンティーナの負ける瞬間を聞くのはどうにも耐えられないのだ。

生中継をしない代わりに、日曜の夜はどのテレビ局もサッカー番組一色である。フィオレンティーナが勝った日は、夕方の第一報から真夜中近くまでチャンネルをカチャカチャ頻繁に変えながらテレビの前に釘付けとなり、さっぱり仕事にならない。逆に、負けた日は見る番組がないから、手持ち無沙汰でどうしようもない。仕事をしようと机に向かうのだが、やはりほとんど手につかない。

試合当日には、スタジアム周辺にサッカーグッズの売店が現れる。

カンポ・ディ・マルテにあるフィオレンティーナのホームグラウンドは「スターディオ・コムナーレ（市営競技場）」だが、フィレンツェ出身の元国際サッカー連盟会長を記念して最近「アルテミオ・フランキ競技場」という名がつけられた。もともと陸上競技と兼用のスタディアムだったが、一九九〇年のワールドカップのときに改装されて今ではサッカー専用になっている。

ぼくはフィレンツェに来たばかりのころは毎年一、二試合は見に行った。人気チームとの試合の切符はすぐに売り切れてしまってなかなか手に入れるのが難しいので、セーリエAとセーリエBを行ったり来たりしているようなチーム（プロヴィンチャーレ＝田舎チームという）との試合を選んで行ったのだが、それでもいつも満員に近い入りだった。ゴールポスト後ろのいちばん安い席に両チームの応援団が陣取って、試合開始の一時間以上も前から歌を歌ったり、一斉にチームカラーのマフラーを広げたりして、応援合戦を繰り広げる。もっとも、スターディオはほとんどヴィオラ一色で、相手チームの声などフィオレンティーナ側の声援でかき消されてしまって聞こえない。相手チームに割り当てられるチケットの数が少ない上に、特に田舎チームの場合など、自分のチームが負けるのを見るために危険を冒してわざわざフィレンツェまでやって来る勇気あるファンはそんなに多くはないのである。

さすがオペラの本場、大合唱は迫力があって美しい。試合中もチャンスのときにはたたみかけるように、ピンチのときには選手を鼓舞するように、緩急をつけた応

続々とファンがつめかけ、紫一色に染まっていくフィオレンティーナの応援席。

援が続く。観衆は十二人目の選手なのだ。その代わり、凡ミスや緩慢なプレーに対しては味方の選手であっても容赦なく、一斉にブーイングが浴びせられる。

ところで、日本のサッカー場の、あののべつラッパのような音がブーブー鳴りっぱなしというのは何とかならないものだろうかとつくづく思う。どうせどこかの真似なんだろうが、本家はあんなものではないはずだ。試合の流れなどおかまいなしにただ鳴らしているんではうるさいだけだ。

さっき、危険を冒してと言ったが、実際サッカー観戦は命がけなのだ。血の気の多いティフォーゾたちがチームカラーのマフラーを首や腰に巻き、旗や幟を振って大声で歌を歌いながら一団となって競技場に向かう。スターディオ周辺では両チームのファンの間で小競り合いがしょっちゅう起きるし、中でも過激な「ウルトラ」と呼ばれる連中はナイフやこん棒で武装していて、仲の悪いチームとの対戦のときなどはけが人や最悪の場合死者が出ることもある。負けたチームのファンがやけを起こして停まっている車をひっくり返したり窓ガラスを割ったりすることもある。もちろんほとんどの人は純粋にスポーツを楽しむために出かけるのだが、そういう騒ぎに巻き込まれないとは限らない。ぼくの友人にも熱心なフィオレンティーナのファンは多いが、スターディオへは誰も行かない。理由はただ一つ、あんな危険な場所はない。ぼくがサッカーを見に行くと言うと、みんなから「頭がおかしくなったのか」と反対されたものだ。

紫のマフラー、帽子、旗で完全武装したフィオレンティーナファンの親子。

ぼくが最後にアルテミオ・フランキ競技場に足を運んだのは一九八七年一月、対ナポリ戦だった。このシーズンのナポリにはマラドーナがいて、それまで負け知らず。ナポリは優勝経験がなかったから、神様仏様マラドーナ様、ナポリの町のいたるところに聖母と並んでマラドーナの写真が張られるわ、生まれた男の子はみんなディエゴという名前になるわ、マラドーナの子供を産んだと主張する女性が何人も現れるわ、とにかくナポリじゅう大変な騒ぎだった。ナポリのホーム・ゲームには相手チームのファンは恐れをなして誰も行かないから、サン・パオロ競技場はいつもナポリファンだけで超満員になって興奮のるつぼと化していたし、アウェーのゲームにも必ず数万人のファンがついていってホーム・チームのファンを圧倒する勢いだった。

そんな恐ろしい試合になぜ行ったかというと、そのころフィレンツェに留学していたマラドーナ・ファンの女性に一人では怖いから一緒に行ってほしいと頼まれたからである。ナポリがフィレンツェで試合するのは年に一度だけだから、その年の夏に帰国する彼女にとってはマラドーナのプレーを実際に見ることのできる唯一のチャンスなのだった。ぼくは騎士道精神からこの危険な役割を引き受けたのだが……。

新聞の報道では、ナポリの応援団に割り当てられた前売り券はあっという間に売り切れていて、一般席にもかなりのナポリファンがつめかけるだろう、ということ

フィオレンティーナの得点に大喜びするちびっ子ファン。(左ページも同じ)

だった。だから、ある程度予想はしていたのだが、試合開始二時間前のアルテミオ・フランキ競技場はフィオレンティーナの紫色をナポリの空色が完全に圧倒していた。ぼくが買っておいたバック・スタンド側の自由席はすでに超満員で、スタンドの一番上にも立ち見の列が何重にもできていた。しかたなくその後ろに立ったが、頭の間からはグラウンドの芝生のほんのわずかな部分が見えるだけだった。おまけにまわりから聞こえてくるのはナポリ方言ばかり。スターディオに着いたら首に巻こうとポケットに忍ばせていたフィオレンティーナの紫色のマフラーを出せるような雰囲気ではなかった。

観衆はその後も増え続け、試合が始まるころにはぼくらの後ろにも厚い人の壁ができていたから、もうまったく身動きの取れない状態になった。試合開始のホイッスルが鳴ると、前に立っている人たちはボールの動きにつれて頭を動かし始め、視界に入る緑の部分はますます小さく細切れになり、ときどきそこを選手の姿がさっとかすめるだけだった。ボールなど九十分の試合中一度も見えなかった。フィオレンティーナが三対一で勝ち、ナポリがシーズン最初の黒星を喫した記念すべき試合だったのだが、家でテレビを見てはじめてどんなゴールだったかわかったようなありさまだし、ゴールの瞬間スターディオじゅうからため息とも悲鳴ともつかない声が上がり、重苦しい雰囲気に包まれてしまうのだから、フィオレンティーナの得点を喜ぶこともできなかった。

何はともあれ、フィオレンティーナが勝ったのだからぼくは大満足。マラドーナの写真を撮るどころか、ちらっと顔を見ることさえできずがっかりしている友人を慰めながらスタンドの階段を下りると、そこで顔見知りのレストランの主人に出会った。トスカーナ料理が売り物のレストランだったから、当然フィオレンティーナのファンだと思い、敵陣の中でようやく同士と巡り会ったうれしさで、ぼくは声をかけた。

「最高の試合でしたね。今日は祝杯を上げなきゃいけませんね」

ところが、ふだんは陽気な彼がむっとした表情で、

「冗談じゃない。こんなひどい試合ははじめてだ」

と吐き捨てるように言い、さよならもなしでさっさと行ってしまった。彼がナポリ出身だったとは知らなかった。

それから、少し休んでいこうと入ったバールで、財布がなくなっていることに気づいた。試合中に抜き取られたとしか考えられない。スターディオの入り口の衆人環視の中で財布をズボンの尻ポケットにしまうなどという、あまりにも初歩的なミスを犯したぼくがうかつだったのだが、浮かれた気分がいっぺんに吹き飛んでしまった。あれ以来ぼくはサッカー場へは行っていない。

フィオレンティーナのティフォーゾにとって不倶戴天の敵がユヴェントゥスである。あちらはリーグ優勝二十三回を誇るイタリア一の名門だから、こちらのことな

フィオレンティーナとトリノの試合風景。当然のことながらフィオレンティーナの圧勝だった。(左ページも同じ)

ど問題にしていないのかもしれないが、対ユヴェントゥス戦に勝つことはわれわれにとってリーグ優勝にも匹敵する重大事なのだ。

このライバル関係には歴史的な背景もある。十数年前、両チームは優勝を争ったことがあるが、最終戦にユヴェントゥスが勝ち、フィオレンティーナは引き分けに終わったため、勝ち点一の差でユヴェントゥスが優勝した。このときフィオレンティーナのゴールが無効にされ、逆にユヴェントゥスにはありもしない反則でペナルティ・キックを与えられるなど、露骨なユヴェントゥスひいきの判定があった、というのがフィオレンティーナ・ファンの一致した見解であり、われわれはこのことを決して忘れない。

そして、一九九〇年のイタリア・ワールドカップの直前。今ではすっかり世界の名選手になり、日本でも有名なロベルト・バッジョはフィオレンティーナの選手だった。ところが、時のオーナーが恥知らずにも裏取引をして、空前の金額でユヴェントゥスに電撃トレードしてしまった。そして、その金を懐にさっさとフィオレンティーナまで売り渡してしまったから、ファンの怒りが爆発した。ほかのチームにならまだしも、よりによってユヴェントゥスにというのは絶対に許せる行為ではなかったのだ。オーナーの自宅に火炎瓶が投げ込まれて機動隊が出動、フィオレンティーナの事務所に五千人以上がデモをかけ、「ヤツを殺せ!」というような過激な言葉が町のいたるところに落書きされ、フィレンツェじゅうが騒然となった。ナシ

ヨナル・チームの合宿所がフィレンツェ郊外にあり、ワールド・カップ前の最後の調整をしていたが、ワールド・カップで得点王になったスキラッチなどユヴェントゥスの選手にも罵声が浴びせられた。この場合ユヴェントゥスの選手には何の罪もないのだが。そのとき以来、フィオレンティーナのユヴェントゥスへの対抗意識はますます高まっている。

この対抗意識については、ある社会学者が次のようにコメントしていた。

「フィレンツェは過去においてはイタリアで最も偉大な、影響力を持つ町であり、それを大きな誇りとしている。しかし、現在では政治的にはローマ、経済的にはミラノやトリノに主導権が移り、フィレンツェは単にトスカーナ州という一地方の中心であるにすぎない。イタリア全国規模を代表するユヴェントゥスに勝利することによって、フィレンツェは過去の栄光を年に一度だけ取り戻すのである」

ユヴェントゥスはトリノが本拠地だが、イタリア一の人気チームだから、全国的にファンがいる。トスカーナ州もフィレンツェ以外はユヴェントゥスの牙城である。これは、先の社会学者風に言えば、

「ピサ、シエナなどトスカーナ州の各都市はルネッサンスのころまではフィレンツェと対等に張り合っていたが、その後トスカーナ大公国としてフィレンツェに統合されてしまった。現在でも政治的、経済的にその支配下にある。したがって、反フィオレンティーナ、つまり反フィレンツェの代名詞であるユヴェントゥスを応援

することにより、数百年に及ぶ鬱憤を晴らそうとするのである」

といったところだろう。

フィレンツェの隣町にジャンニという友人（といっても、電話で話すだけで会ったことはない）が住んでいる。ボローニャ大学の日本語学科を卒業した彼は、電話帳で探した日本人らしい名前のところへ電話をかけて会話の勉強をした。「コ」で終わる名前はすべて女性だと思い込んでいて、あるとき「ユキヒコ」という名前に電話したところ、男の人が出たので

「ユキヒコさんはいますか」と言い、ユキヒコさんが「私ですが」と答えると、

「いいえ、奥さんのユキヒコさんと話したいのです」

としつこく繰り返していたと、これはユキヒコさん本人から聞いた話である。

このジャンニがユヴェントゥスの大ファンなのである。彼は現在イタリア人向けの日本語学習テキストを執筆中で、日本語の言い回しなどについて疑問点をときどき電話でたずねてくるが、最後のあいさつ代わりの決まり文句は

「フィオレンティーナのファンをやめてユヴェントゥス・ファンになりなさい。そうしたら、私の本を一冊プレゼントします」

そして、フィオレンティーナが負けてユヴェントゥスが勝った日は必ず電話をかけてくる。ぼくにだけではなく、知り合いのフィオレンティーナ・ファンに片っ端からかけまくっているらしい。いくらトスカーナ州にはユヴェントゥス・ファンが

多いとはいえ、彼の住んでいるところはフィレンツェの隣町だから、やはりフィオレンティーナ・ファンが大部分なのである。だから、ふだんはかなり肩身の狭い思いをしているらしく、その鬱憤を一気に爆発させるのだろう。

「フィオレンティーナは負けました。ハハハ。とても弱いです。ハハハハ。来年はセーリエBに行きます。ハハハハハ。あなたはユヴェントゥスのファンにならなければいけません。ハハハハハハ。それでは、もう時間がありません。また電話します」

ぼくはフィオレンティーナが負けた日曜日の晩は電話に出ないことにしている。

フィエーゾレ

丘の上の小さな町

S. ALESSANDRO
S.アレッサンドロ教会
V. DELLE MURA ETRUSCHE
ムーラ・エトルスケ通り
S.FRANCESCO
S.フランチェスコ教会
VIA DUPRÉ デュプレ通り
VIA DI S. FRANCESCO
S.フランチェスコ通り
VIA MARINI
マリーニ通り
P.ZZA DEL MERCATO
メルカート広場
VIA PORTIGIANI
ポルティジャーニ通り
P.ZZA GARIBALDI
ガリバルディ広場
VIA A. GRAMSCI
A.グラムシ通り
PIAZZA MINO DA FIESOLE
ミーノ・ダ・フィエーゾレ広場
VIA D. MANGANI
マンガーニ通り
PALAZZO PRETORIO
プレトリオ宮殿
TEATRO ROMANO
ローマ劇場
VIA S.MARIA
サンタ・マリア通り
S. ROMOLO
S.ロモロ教会
フィレンツェへ
FIRENZE
FIESOLE
フィエーゾレ
FIESOLE

フィエーゾレというのはフィレンツェの北二キロ、フィレンツェを見下ろす丘の上の小さな町である。中部イタリアの丘の上の町の多くがそうであるように、エトルリア起源の町で、建設されたのは紀元前七、八世紀というから、フィレンツェよりもはるかに歴史は古いことになる。ちなみにフィレンツェは紀元前五九年にローマの植民市として建設された。一方フィエーゾレはエトルリア人の都市国家の中でも重要なものの一つであり、経済的にも繁栄したが、紀元前一世紀にローマの支配下に入った。ローマ時代に作られた劇場、神殿、浴場の遺跡が今も残っている。特に劇場は観客席の石段や舞台の部分などがまだ実際に使える状態で、夏は「フィエーゾレの夏」というフェスティバルの会場となり、演劇やコンサートが行われている。

キリスト教の時代になってからは司教座が置かれ、何とか政治的、経済的にも独立を保ってきたが、一一二六年にフィレンツェ軍によって完全に破壊された。それからはフィレンツェの裕福な人たちの別荘地となった。フィレンツェ駅から七番のバスに乗り、フィエーゾレの丘に上る曲がりくねった坂道に差しかかると、道の両側に広がる緑の斜面にきれいなお屋敷が点々と見えてくるが、これらはほとんどがお金持ちのヴィッラ（別荘）である。もちろんメディチ家の別荘もあるし、ボッカッチョが『デカメロン』を書いたヴィッラもこのあたりにあったはずだ。

メディチ家のヴィッラといえば、フィレンツェ近郊にはいくつもあり、多くはＡＴＡＦや郊外行きのバスで三十分から一時間、わりあい簡単に行くことができる。庭や建物が一般公開されているところもあるから、時間に余裕のある人はちょっと足をのばしてみるのも楽しいだろう。

ＡＴＡＦの二十八番で行けるのが、カレッジ、ペトライア、カステッロの三つのヴィッラである。カレッジのヴィッラはロレンツォ・デ・メディチの時代に有名な「プラトン・アカデミー」の本拠だったところだが、今のフィレンツェの人ならカレッジといえばすぐに病院が頭に浮かぶだろう。このあたりは総合医療センターになっていて、メディチのヴィッラも現在は病院の持ち物だから、見学には許可が必要である。カレッジからもう少し西へ行くと、ペトライア、そしてカステッロのヴィッラがある。ボッティチェッリの二大名作『春』と『ヴィーナスの誕生』はカステッロのヴィッラに飾られていた。現在は「アカデミア・デッラ・クルスカ」という、イタリア語の純化を目標として一五八二年に設立された言語学会の本部となっていて、ルネッサンス式の庭園だけが公開されている。

フィレンツェから北西に約二十キロ、ポッジョ・ア・カイアーノにあるヴィッラはおそらくメディチ家所有のヴィッラの中で最も美しいものだろう。ここは第二代トスカーナ大公で錬金術を好んだフランチェスコ一世と、その二番目の妻で美女として名高いビアンカ・カッペッロが相次いで謎の死を遂げた場所として有名で（その経緯はサン・マルコのところで書いた）、ビアンカの寝室が当時のインテリアそのままに保存されている。

フィエーゾレへの坂道はオリーヴの木々の間を右に左にカーブしながら続いている。カーブするたびに、眼下にフィレンツェの町がしだいにはっきりと見えてくる。車でのドライブには最適のコースだが、徒歩、あるいは馬車で登っていた昔の人は大変だったのだろうと思う。そして、この道を約百年前には路面電車が通っていたというのだから驚く。

今でこそフィレンツェから路面電車は完全に姿を消してしまったが、第二次世界大戦までは郊外行きの路線がいくつもあり、ドゥオーモ広場なども電車が走っていた（ドゥオーモに近いヴェッキオッティ通りのアスファルトから古い線路が一部顔を出している）。サン・マルコ広場からフィエーゾレまでの路線は一八九〇年九月十九日に開通した。この日は市のお歴々をはじめ百二十人の招待客が電車に乗ってフィエーゾレへ行き、盛大な晩餐会が催されたということだ。ところが、わずか四日後の二十三日、フィエーゾレからフィレンツェへ下る電車がスピードの出し過ぎでカーブを曲がり切れず、脱線して壁に激突、五人の死者を出してしまった。路面電車はその後は大事故もなく走り続けたが、一九三八年からはトロリー・バスに取

高級別荘が立ち並ぶフィエーゾレの丘。

って代わられ、現在では普通のバスが走っている。

突然話がとんでもない方向へ飛びますが、許してください。

フィレンツェへの留学手続きを進めているとき、ぼくはアパートのことなどまったく心配していなかった。今になってみれば実に無謀だったと思うのだが、まず安いペンションに宿を取って、それから語学学校で斡旋してもらうか、不動産屋へ行くかすればすぐに見つかるだろうとたかをくくっていたのだ（そんな簡単なものでないことはあとになってわかった）。荷物についても、ぼくは歩くときに杖が必要だから、大きなトランクを持ってくることはできない。だから、必要最低限のものだけリュックに入れて、残りの荷物はアパートが決まってから船便ででも送ればいいと思っていた（そんなことをしていたら、冬になっても夏服しかないということになっていただろう）。業者を通じて語学学校から下宿まで出発前にすべて予約できるなどという便利なシステムはなかったし、とにかくイタリアに関しては留学や生活についての情報がずっと少なかったころのことだ。あれから十年あまり、ずいぶん様変わりしたものだと思う。

そんなとき、入院してリハビリに通っていたときお世話になった臼居さんに母が道でばったり会い、ヴァイオリン製作家の息子さんがフィレンツェに住んでいること、またお産のために日本へ一時戻っていた奥さんの実家がぼくの母の実家のすぐ近くだということがわかった。すぐ奥さんに会いに行くと、奥さんは、

「アパートが決まるまでうちに泊まればいいわよ。手紙を書いて駅まで迎えに出るように言っておきますから。それから荷物も早めにうち宛に送りなさいな」

と親切に言ってくださった。

という次第で、ぼくはフィレンツェでの生活を無事に始めることができたのだが……、そんなことフィエーゾレとは何の関係もないじゃないか、ページの無駄遣いだと思われるかもしれない。ところがまったく無関係というわけではなく、臼居さんの家での居候生活のあと、最初に住んだのがフィエーゾレだったのだ。ですから、もう少しがまんして思い出話につき合ってください。

奥さんと赤ちゃんを迎えに臼居さんが日本へ発ったあと、彼の友人でやはりヴァイオリンを作っているパオロがアパート捜しを手伝ってくれた。というより、何もわからないぼくに代わって一人で何もかもやってくれた。運の悪いことに八月だったから、大家さんはみんな避暑に出かけていてフィレンツェにはいない。パオロは何度も新聞広告を出してくれたらしいのだが、反響はかんばしくなかった。

またまた脇道にそれてしまうが、ここでフィレンツェのアパート捜しについてちょっと説明しておこう。

最も多く利用されているのは新聞広告だろう。フィレンツェでは『プルチェ（ノミ）』という、求人、求職、不動産売買と貸借、車、家庭用電気器具、家具などの売買、そのほかにも結婚相手募集、それに求職を装った女性の怪しげな広告など、

サン・フランチェスコ教会に続く急な坂道。

もろもろの広告専門誌が週に三回発売されている。その貸アパートの欄には、一部屋を二人で分けましょうというものから、貸間、大小のアパート貸しますまで、不動産屋や個人の広告が掲載されているから、自分の条件に合うところに電話する。または、個人広告は無料で掲載してくれるから、たとえば「日本人の学生がチェントロの小さいアパートを捜しています。最高百万リラ」というような広告を自分で載せて、持ち主からの連絡を待つという手もある。それに、フィレンツェの日刊紙『ナツィオーネ』にも、週に二回ほど不動産広告のコーナーがある（こちらは有料）。

ぼくが来たころは小さい貸アパートは完全に貸手市場だったから、大家の側からの広告などほとんど載っていなかった。そんなアパートの持ち主は、気が向いたときに『プルチェ』か『ナツィオーネ』を買ってきて、求アパートの欄にたくさん並んでいる悲痛な叫びの中から、こいつは金払いがよさそうで問題を起こしそうにない、と第六感にピンときたのに電話すればよかったのだ。その後アパート捜しの状況には大きな変化があり、貸す側と借りる側の立場が逆転したようだ。最近は新聞に「アパート貸します」の広告が数ページにわたって載っているから、その中からよさそうなのに電話をすればいい。

もちろん不動産屋もある。だが、特に貸アパートの場合、日本のように物件が豊富にあるというのではないし、不動産屋を通じれば手数料を取られるわけだから、

日曜日のサン・フランチェスコ教会。通りすがりの人も新婚カップルを祝福している。

貸すほうも借りるほうも新聞を通じての直接取引を好むのは当然というものだろう。だが、個人広告だけではなかなか借り手が見つけにくくなったのか、最近は不動産屋と契約する大家が増えているらしく、新聞広告にも不動産屋のものが多くなっている。

もう一つはいわゆる口コミである。日本人は騒がしくない、部屋を汚さない、家賃を滞納しない、というので非常に評判がいい。もっとも、フィレンツェに留学する日本人の数が増えるにつれて、アパートを巡るトラブルも増えているから、この評判がいつまで続くかは疑問だが。だから、一度日本人に貸した大家は、この次も日本人に、と思うらしい。ぼくのところにもときどき、誰かアパートを捜している日本人はいないか、という問い合わせがある。逆に日本人の知り合いなどから、アパートを捜しているんだけれど……、と言われることもあるのだが、両者のタイミングは残念ながらいつもずれていて、うまく話がまとまったためしがない。日本人専門の不動産斡旋業をすればけっこうもうかるんじゃないか、と思っていたら、実際に始めた人がいるという話を聞いた。

さて、パオロの新聞広告にようやく二件反応があった。一つはフィレンツェ空港に近いノーヴォリという地区にある新築のアパートで、玄関にはテレビカメラまでついていた。こちらのほうが交通の便はよかったが、新しいビルが立ち並ぶ新興住宅地で、これでは東京の団地に住むのとあまり変わりがないような気がした。もう

見晴らしのいい丘の上の広場。ミケランジェロ広場とは一味違った花の都の眺望が楽しめる。

一つはフィエーゾレ、正確に言うと、フィエーゾレの町からさらに奥へ車で十分ほど行ったところ。まわりをオリーヴ畑に囲まれ、放牧されている羊の鳴き声しか聞こえないような田舎の一軒家の一室だった。どちらも決してフィレンツェでの生活を始めるのに最適とはいえなかったが、それしかなかったのだからしかたがない。イタリア語の勉強のためにはホームステイのほうがいい、というパオロの勧めもあって、ぼくはフィエーゾレを選んだのだ。

大家のマリアさんはパイロットだったご主人を数年前に亡くして一人暮らし。六十歳にはなっていたと思うが、毎朝元気に車で出勤していた。趣味はオペラ鑑賞、シーズン通し券を持っていて、秋から冬のオペラシーズンには正装してうれしそうによく出かけていった。そして、翌日はそのオペラのアリアの数々を歌ってくれた。りっぱな体格で声量豊富、美声の持ち主だった（ように思えた）から、「マリアさんは若いころオペラ歌手だったんですか？」と思わずたずねてしまったほどだ。イタリアはオペラの本場だということは知っていたが、ここまで普通の人の生活に浸透しているとは思っていなかったのだ。

さて、ぼくの生活はというと、朝は会社に出かけるマリアさんに車でフィエーゾレの七番のバスの終点まで送ってもらうことになっていたが、寝坊したり、彼女が休みのときは困った。家の前を通るバスが二時間に一本くらいしかないのだ。そういうときはヒッチハイクをした。帰りがそれ以上に問題だった。最終バスが七時だ

フィエーゾレからさらに奥にある、オリーヴ畑に囲まれた一軒屋。イタリアに来て二ケ月目にぼくはこの家を借りた。

ったから、フィレンツェで夕食をしたらもうタクシーしかない。一度など、夕方フィエーゾレに着いたときに突然バスがストに入り、進むことも引き返すこともできなくなってしまった。タクシーを呼ぼうにも広場に一つだけの公衆電話は長い列になっているし、だいたい、そんなときは仮に通じたとしても、空車が一台もないとけんもほろろに断られるに決まっている。歩けば家まで一時間はゆうにかかるが、まあ歩きながら考えようと、坂を上り始めた。三十分も歩いたころ、前に利用したことのあるタクシーの運転手が運よくぼくを覚えていて停まってくれ（まあ、杖を突いた日本人などどこにでもいるものではないから）、ようやく家まで帰り着くことができた。

またあるときは、朝起きて窓を開けると一面の銀世界、車はみなチェーンをつけて走っている。ぼくはその日、どうしてもフィレンツェでしなければならない用事があったので、大雪の中をヒッチハイクで出かけた。家の前は少なくとも二十センチは積もっていたというのに、フィエーゾレまで来るともう道に雪は残っていない。丘を下ってフィレンツェに入ると、空は青空、雪など降った形跡もなかった。このときばかりはのんきなぼくもさすがに参り、フィレンツェ市内に引っ越すことを真剣に考え始めた。

フィエーゾレの町の中心にあるミーノ広場にはカッフェ、レストラン、ピッツェリア（ピッツァ専門店）などが並び、特に夏の間はフィレンツェから涼を求めて車

フィエーゾレ行きバスの終点、ミーノ広場。

でやって来る人たちで夜遅くまでにぎわっている。丘の中腹にお金持ちの別荘が多いことは最初に書いたが、フィエーゾレはフィレンツェからいちばん近い避暑地なのだ。そこにぼくは夏だけを除いて秋から春先まで住んだことになる。それも車という足も持たずに……。

車といえば、フィレンツェの町からほんの二、三十分も走れば、そこはもうオリーヴ畑やブドウ畑の続く田園である。だから、片田舎に住みながらフィレンツェへ通勤するという、日本の都会では考えられないようなことも、車さえあればじゅうぶん可能なのである。だから、家賃が高い上に大気汚染や騒音などでだんだん暮らしにくくなっているフィレンツェを脱出する人たちが増えるのも当然というものだろう。

ミケランジェロ広場のところに登場したシルヴィアもそんな一人である。彼女の家はフィレンツェの北二〇キロほどのところにある。ボローニャへ向かう古い街道からさらに脇道へ入った山の中、文字通りの一軒家で、まわりは見渡す限り畑と雑木林、いばん近いバス停から歩いて二十分以上かかる。古い農家を改造した住まいの庭では犬と猫、それに卵を取るために飼っている鶏たちが仲良く共存している。前にも書いたように、彼女は週に少なくとも三回はフィレンツェに出てきているし、骨董商をしているご亭主のアウグストは土、日曜を除いて毎日町まで通勤している。ぼくなど、通うのはさぞ大変だろうと思ってしまうのだが、二人には少しも苦にならないらしい。それどころか、もう絶対にフィレンツェには住みたくないとさえ言っている。

このような田園生活の先鞭をつけたのはどうもドイツ人のようだ。フィレンツェとシエナの間の丘陵地帯、キアンティは柔らかい曲線を描く風景の美しさ、温暖な気候、それに何よりもおいしい赤ワインで知られている。緑の丘のあちらこちらにはワイナリーになっている貴族の館や農家の建物がぽつんぽつんと建っているのが見える。ところが、その農家の多くはドイツ人の所有になっているということだ。先進国のご多分に漏れず、イタリアでも農業人口は減る一方だが、キアンティでも農業を捨てて都会へ出ていく人が多かった。ゲーテの時代からイタリアの太陽を求め続けているドイツ人がそういう農家を土地ごと買い、住宅に改造して住み始めたのだ。キアンティで最も大きな村、グレーヴェ・イン・キアンティの広場には毎週末に市が立つが、そこでは料金がリラとマルクの両方で表示され、新聞スタンドでもドイツの新聞が売られている。今やキアンティの農家は普通のイタリア人には手の出ない高根の花となってしまった。

最後にもう一度フィエーゾレのマリアさんの家に戻ることにしよう。ぼくの部屋の窓は西に面していて、地平線に向かって流れるアルノ川が遠くに眺められた。そして、二月ごろだったと思うが、アルノの水の中に沈む夕日を見ることができた。これは年に一日だけのことだそうだ。水面がオレンジ色に輝き、その中にまっ赤に

フィエーゾレにはエトルリアやローマ時代の遺跡、円形劇場があり、ヨーロッパ各地からの観光客でにぎわっている。

焼けた太陽がゆらゆら揺れながらゆっくりと沈んでいく。この景色が見られただけでもここに住む価値があったと思えるような、一生忘れることのできない幻想的な美しい眺めだった。

あとがき

本文にも少し書いたように、ぼくは歩くとき杖が必要である。大学三年生のとき急に手足が動かなくなり、七年間の入院生活を送った。だがこの病気がきっかけでイタリアへ行くことになったのだから、人生というのはほんとうに奇妙なものだと思う。

日本ではどこへ行くにもブレーキとアクセルを手動に改造した車を足代わりにしていたから、いったいバスに一人で乗れるんだろうか、というのがフィレンツェへ行くにあたってぼくの最大の不安だった。楽観的な性格だから、まあ行ってみればなんとかなるさ、と思い切って飛び出したのだが、フィレンツェで暮らし始めると、それが杞憂だったことがすぐにわかった。

東京のラッシュとは比べものにはならないが、フィレンツェも朝夕には一応ラッシュらしきものがあるし、昼ごはんを家で食べる人が多いから、昼どきのバスもかなり込み合う。そんなときでも、近くの席の人がすぐに席を譲ってくれる。入り口近くにお年寄りが座っていたりすると、奥の方の人が立って声をかけてくれる。まあこれくらいのことなら今では日本でもあたりまえになっているのかもしれないが、さすがと感心するのはたまたま誰も席を譲ってくれなかった場合である。立っている人が座っている若い人に、

「きみ、このかたに席を譲ってあげてください」と声をかける。かけられた人は悪びれることなく、

「ごめんなさい。気がつかなかったものですから。どうぞ」と、すっと立ち上がる。

日本だったら、声をかける方もかけられる方も、それに席を譲られる方も気まずい思いをしそうだが、フィレンツェではそれが実に自然にスムーズに行われていた。こうして、バスがぼくの足代わりになり、ほとんどハンディを感じることもなく十三年間フィレンツェで暮らしている。

今イタリアがブームだとか。フィレンツェについても、美術館と有名ブランドだけでなく、小さなブティックや街角のレストランまで、あらゆる情報があふれているようだ。だが、それらは観光地としてのフィレンツェに関するものばかりで、どうも生活実感からは遠いような気がする。ぼくと妻は旅行で来た日本の友人が残していった雑誌やガイドブックを見ていつも驚いていた。フィレンツェに住んでいるぼくたちが知らない店がわんさと載っていたからだ。そんなことから、よそ行きの顔でなく、もっとふつうのフィレンツェを紹介したいと思うようになった。

ぼくは最近フィレンツェの友人から「ヒロはもうほとんどフィレンツェ人だな」

と言われるようになり、とても気をよくしている。自分で言うのもなんだが、この「ほとんどフィレンツェ人」というのは素顔のフィレンツェのことを書くのに最適な立場ではないだろうか。完全なフィレンツェ人になってしまうと、すべてあたりまえすぎて、わざわざ書く気も起こらないだろうから。

カバーの絵、それから各章ごとにイラストマップを描いていただいた画家の湯沢里佳さんは現在フィレンツェの美術アカデミーに在学中である。文章だけではわかりにくい道案内が彼女のおかげでずっと楽しく、生き生きとしたものになったと思う。最後になったが、なかなか進まない原稿を辛抱強く待ってくださった白水社の芝山博さんに深く感謝したい。

一九九六年夏　中嶋浩郎

Uブックス版へのあとがき

この本を書いたのは今から七年も前のことだ。久しぶりに読んでみると、フィレンツェもやはりいろいろと変わっている。

まず、家の近くのレストラン「ヴィネージオ」はまた経営者が変わり、名前も「ダ・セルジョ」になってしまった。ぼくたちはすっかり足が遠のいていて、プーリア料理だったころを懐かしんでいる。

マクドナルドは市内に前からいくつかあったハンバーガーショップの権利を買うというやり方で、簡単にハードルをクリアしてしまった。今やフィレンツェの若者の食生活に欠くことのできない場所になっている。

わがフィオレンティーナは、とんでもないオーナーのせいで、なんと破産、消滅してしまった。そしてフロレンティアという名でセーリエC2（四部リーグ）から再出発した。ファンはそれでもそっぽを向くことなく、熱い応援を続けている。この調子なら二年後にはセーリエAに復帰できるにちがいない。

このことに象徴されるように、町の外観は変わっても、「フィレンツェ人魂」には何の変化もない。だからぼくはこの町が好きなのだ。

二〇〇三年六月　　中嶋浩郎

本書は 1996 年に単行本として小社より刊行された.

白水 u ブックス　1060

素顔のフィレンツェ案内

著者 © 中嶋浩郎《なかじまひろお》
中嶋《なかじま》しのぶ

発行者　及川直志

発行所　株式会社白水社
東京都千代田区神田小川町 3-24
振替 00190-5-33228　〒 101-0052
電話(03)3291-7811(営業部)
(03)3291-7821(編集部)
http://www.hakusuisha.co.jp
乱丁・落丁本は送料小社負担にて
お取り替えいたします。

2003年 9 月 5 日第 1 刷発行
2010年 6 月20日第 5 刷発行
本文印刷　三秀舎
表紙印刷　三陽クリエイティヴ
製　　本　加瀬製本
Printed in Japan

ISBN 978-4-560-07360-5

白水uブックス

◎2010年6月下旬刊